Estefanía Sanz Romero (El Burgo de Osma, 1991) es profesora de Geografía e Historia en un instituto público de Madrid. Estudió el Grado de Historia (Universidad Complutense de Madrid), Máster del Profesorado (UCM), Máster en Ciencias de las Religiones (Universidad Pablo de Olavide) y Máster en Historia de América Latina (UPO).

Se ha centrado en el estudio de la represión de la diversidad sexual en el franquismo y en la Unión Soviética. También ha investigado el uso y tergiversación del mito de Policarpa Salavarrieta en la construcción del Estado-nación colombiano y, recientemente, ha estudiado la subversión protagonizada por las beguinas, mujeres que en pleno Medievo huyeron del matrimonio y de la vida monacal, hecho por el que fueron sospechosas de lesbianismo y, por ende, pasto de las llamas inquisitoriales (*Beguinas, las primeras feministas de la historia*). Próximas publicaciones: *Un nosotras, aunque sea literario* (Valparaíso Ediciones).

@estufi.sanzromero

Silenciadas

Silenciadas

Represión de la homosexualidad en el franquismo

Estefanía Sanz Romero

Primera edición: diciembre de 2021

Coord. Colección No ficción: Marta Pita Dopico

LES Editorial pertenece a Letras Raras Ediciones, S. L. U.
www.leseditorial.com
info@leseditorial.com

ISBN: 978-84-17829-60-5
IBIC: JFC, JFD

Cómo llega una sociedad a convertirse
en cómplice de un dictador, cómo acaba
siendo partícipe de un exterminio,
¿acaso no podría volver a suceder?

¿Quieres escuchar la banda sonora de este libro?

Índice

Prólogo

La mitad invisible. Mujeres y homosexuales

Escribía el poeta Antonio Crespo Massieu que los libros tienen la misión de «reparar lo roto», «habitar la distancia», traer al presente a quienes se encuentran «en el afilado margen de la memoria». Precisamente esa empresa es la que se ha propuesto la historiadora Estefanía Sanz Romero con el presente ensayo, *Silenciadas. Represión de la homosexualidad en el franquismo*. La propia autora reivindica en su introducción a los protagonistas anónimos de la historia, a esas minorías de las que hablaba don Miguel de Unamuno cuando defendía el concepto de «intrahistoria». El tema de su ensayo no podía ser de más actualidad. Si no queremos repetir los errores de antaño, los españoles debemos mirar por el espejo retrovisor para ver el pasado. Nuestro actual contexto político nos exige tener clara conciencia de la pérdida de derechos y libertades que padeció el país bajo la dictadura militar. No en vano, y cito a Crespo: «El vendaval de la historia sigue soplando, / nos zarandea de nuevo». La presencia de VOX en el Parlamento, donde la fuerza ultraderechista tiene 54 escaños, dibuja en el horizonte un nubarrón para el que hay que prepararse. El mejor modo de afrontar los nuevos-viejos prejuicios del nacionalismo retrógrado es mediante la formación humanística. La lectura nos ayuda a derribarlos y a construir un futuro cargado de esperanza para todos.

El ensayo, decía, gira entorno a la represión ejercida por el Régimen sobre el colectivo LGTBI+. Su «disidencia sexual», explica Sanz Romero, fue sofocada desde frentes distintos: el psiquiátrico, el judicial y el eclesiástico. La autora nos hace un recorrido por este mapa de la ignominia incluyendo en su ensayo la experiencia de hombres y mujeres. Es decir, recoge el testigo de la célebre activista feminista y narradora nigeriana Chimamanda Ngozi Adichie, quien sostiene que «es importante tener una amplia diversidad de voces, no porque queramos ser políticamente correctos, sino porque queremos ser precisos. No podremos entender el mundo si seguimos fingiendo que una pequeña parte de él representa al mundo en su totalidad».

La publicación del presente volumen coincide con un periodo de esplendor de la visibilidad LGTBI+ en la literatura. Precisamente, este auge ha permitido la reciente edición de una novela maravillosa: *Oculto sendero*, de Elena Fortún (Renacimiento, 2016). La obra, autobiográfica, fue escrita en el exilio y relata la lucha de una mujer por dedicarse al arte, por conseguir la independencia económica, por tener libertad de movimiento para relacionarse con quien quiera, por romper un molde, por reivindicarse a sí misma, por conocerse, por derribar el espejo donde el mundo le decía que tenía que mirarse para sustituirlo por el horizonte de su propia inquietud. La famosa creadora de *Celia* escribió su novela lejos de la censura y de la intransigencia que nublaba a España. Pero no la editó. Ni quiso ni hubiese podido sacarla a la luz —no aquí, al menos—. Practicó la censura interna como medio de proteger su imagen social y su prestigio en la literatura juvenil. La razón estriba en el acerado testimonio que realiza contra las convenciones familiares y a favor de la visibilización de un asunto tabú: la existencia de mujeres homosexuales, que anhelaban un cambio de paradigma —y lo pelearon— para vivir en plena libertad.

Otro caso icónico es de Carmen Laforet. No fue hasta el año 2007 que Destino reeditó su última novela publicada en vida: *La insolación* (1963), «una valiente defensa de la dignidad homosexual» (*El País*, 5 de marzo de 2021). Se trataba del primer título de la trilogía truncada *Tres pasos fuera del tiempo*, al que habrían de haber seguido los volúmenes *Al volver la esquina* y *Jaque mate*, pero la novelista no se atrevió a sacarlos.

Así las cosas, no es casualidad que se publicaran en 2017, hace apenas cuatro años, las cartas que se intercambiaron ambas narradoras: *De corazón y alma*. 1942-1957 (Fundación Banco Santander). En ese epistolario se vislumbra el amor (quizás platónico, pero igualmente intenso) que se profesaron.

El ensayo de Sanz Romero da satisfactoria respuesta al inquietante motivo por el que dichas escritoras optaron por la autocensura, encerrándose dentro del armario: la brutal represión franquista.

El primer frente represor, nos explica Estefanía, fue el psiquiátrico. Nos hace un inventario de terapias conductistas, orientadas a la modificación de la «deficiencia mental» de los homosexuales (por aquel entonces no se distinguía a estos ni de personas trans ni de bisexuales, de ambos géneros, claro). Entre los métodos que se practicaron destacan las lobotomías y los *electroshocks*.

Que este *modus operandi* era habitual como medio de sometimiento a quienes contravenían los modelos tradicionales, nos lo cuenta también la poeta madrileña Rosana Acquaroni en su poemario *La casa grande* (Barthleby, 2018). La tercera parte se centra en la denuncia de los centros psiquiátricos de los años sesenta. Allí se recluía a las mujeres, se las sedaba, se les retiraba su vida como quien monda el abrigo a un melocotón, se les espantaba los colores, las vaciaban de sueños. Eso, al menos, en el mejor de los casos, porque en el peor recortaban su tiempo hacia la muerte:

Aquel infierno se llamaba Alonso Vega.
Lo dices en un cuento que escribiste después:
Me ataron con correas y apagaron la luz.

Estefanía Sanz, de hecho, llega a la conclusión en su ensayo de que tanto los encarcelamientos como los internamientos en instituciones psiquiátricas obedecen a un inequívoco intento de eliminación de hombres y mujeres «desafectos» a los valores católicos del Régimen.

El segundo frente fue el legislativo. La historia nos ilustra sobre las leyes que persiguieron a los homosexuales, obligándolos a conducirse de manera hipócrita para ocultar su condición. ¿No nos recuerda esto a los *criptojudíos* del siglo XVI, quienes llevaban una doble vida para escapar del máximo aparato represor del Estado, la Santa Inquisición? Si los Tribunales del Santo Oficio abrieron innumerables procesos por prácticas heréticas clandestinas, denunciadas por los vecinos a los familiares o espías que colaboraban con ellos, Estefanía nos demuestra que bajo la dictadura franquista también se abrieron sumarios y expedientes a los *criptohomosexuales* que infringían la Ley de Vagos y Maleantes (1944) o la de Peligrosidad y Rehabilitación Social (1970). Es decir, que pese al asfaltado de los sentimientos, los tallos del amor se abrían paso, sin miedo a las tijeras de la poda.

El tercer y último frente fue el eclesiástico. Y las analogías con la España de la Contrarreforma no pueden ser más evidentes. Si Felipe II ordenó el cierre de las universidades extranjeras (salvo las de Coimbra, Nápoles, Roma y Bolonia) e impulsó la publicación del primer *Índice de libros prohibidos* (1559), Franco también creó un cordón sanitario que impidiese la entrada de ideas progresistas («rojas», en lugar de «luteranas»), así como auspició la constitución de una Delegación Nacional de Prensa y Propaganda (con atribuciones censoras) y suspendió la actividad docente de los centros laicos con idéntico fin de controlar la educación por medio del adoctrinamiento dogmático. Qué duda cabe, y así lo demuestra Estefanía, que el encorsetamiento ideológico reprimió en muchos casos la vivencia afectiva de índole homosexual. El miedo a la estigmatización social metió, no ya dentro de un armario, sino en un cofre cerrado con fuertes candados y lanzado a las profundidades submarinas, a las mujeres y hombres que trataban de evitar el capirote del insulto y de la discriminación, además de las penas de cárcel o las ejecuciones.

Ameno e ilustrativo, este ensayo que nos ocupa se suma a la visibilización literaria de los obstáculos que ha tenido, y tiene, el colectivo LGTBI+. Pongo dos ejemplos: el libro *Antología poética de sor Juana Inés de la Cruz* (AKAL, 2019), en la que se argumenta que fue la homosexualidad de la joven Juana de Asbaje la que la obligó a ingresar voluntariamente en un convento jerónimo; o la novela juvenil *La versión de Eric*, de Nando López (Premio Angular, SM, 2020), que pone de manifiesto la lucha de una niña trans por librarse de las represiones externas que le dificultan llegar a ser quien es en realidad.

Aún queda mucho por hacer, pero libros como el de Estefanía allanan el camino.

Ariadna G. García

Madrid, a 24 de mayo de 2021

«Estarás así un tiempo esperando en silencio, sin hablar mal de nadie. Todo consiste en estar callado. No diciendo nunca nada de eso. Todo el mundo, poco a poco, verá cómo eres de bondadoso, de limpio, de sabio. Ahí está el páramo, el largo páramo igual que una piel aplicada directamente sobre el esqueleto. En esta época, donde hay árboles rojo-dorados de otoño, no hay nada más que tierra seca, paisaje [...] de donde quién sabe aún qué nuevas piedras pueden salir si se arranca la tierra. [...] Aquí estoy. No sé para qué pienso. Podía dormirme. Soy risible. Estoy desesperado de no estar desesperado».

LUIS MARTÍN-SANTOS, *Tiempo de silencio*

1. Introducción. Una página en blanco

> «Lo más revolucionario que una persona puede hacer es decir siempre en voz alta lo que realmente está ocurriendo».
> ROSA LUXEMBURGO

El libro que la lectora o lector tiene entre manos es la mutación y maduración de un trabajo de fin de carrera. Previa defensa oral, el tribunal de la Complutense que debía calificarlo estaba integrado, entre otras grandes glorias, por una profesora conocida por pertenecer a una organización neofranquista. Cuando terminé la exposición una pregunta embriagó mi mente: «¿Qué hago yo delante de estos señores hablando de homosexuales de la época de Franco?».

Finalmente, calificaron el trabajo con matrícula de honor, pero tendrían que pasar todavía unos cuantos años para que entendiera que introducir en las universidades el asunto de la homosexualidad en la historia estaba más justificado que seguir hablando del puñado de hombres heroificados de siempre.

Nuestro pasado no es solo Almanzor, Fernando III el Santo, Felipe V, Isabel I o Azaña, nuestra historia es la de las masas, la del grueso social. No hay «héroes» sin masas; no hay historia si no se escriben las páginas del pueblo; no hay progreso ni maduración social si sigue en silencio la historia de las minorías.

La represión de la no cisheterosexualidad[1] y de la diversidad sexual en general es el tema que abordaremos en el presente ensayo, acotándolo cronológicamente al periodo franquista.

Antes de continuar, es necesario explicar que hemos optado por el empleo de la expresión «no heterosexual» por definir con mayor exactitud nuestro objeto de estudio, dado que con «homosexual» limitamos de forma automática la orientación sexual de individuos de los que, en la mayoría de casos, solo tenemos constancia de la realización de algún acto sexual con personas del mismo género, no implicando necesariamente este hecho que fueran homosexuales. Por eso, a lo largo del ensayo utilizaremos el término «homosexual» para referirnos a aquellos actos que engloben lo no heterosexual.

Las todavía escasas investigaciones sobre la cuestión, así como el enfoque de las mismas, son los grandes motivos que justifican la existencia de este libro. En los últimos años han sido realizadas varias obras que, aun arrojando luz y cubriendo en cierto grado el espacio en blanco sobre las disidencias sexuales en la dictadura de Franco, son todavía insuficientes.

Asimismo, se han centrado en la no heterosexualidad masculina en detrimento de la femenina, alegando que esta no puede ser rastreada por la inexistencia de fuentes al ser la mujer «des-sexualizada» y, por tanto, no penalizada ni reprimida del mismo modo que la homosexualidad masculina.

Se limitan entonces los autores a dedicar unas notas al pie o, en el mejor de los casos, un par de páginas a la represión lésbica. Sin embargo, precisamente las fuentes tiran por tierra su justificación, ya que, como veremos, también la mujer fue penada y castigada por desviación sexual, como demuestran múltiples archivos.

---

1. La represión franquista no estableció una diferenciación entre personas homosexuales y trans, siendo estas entendidas como parte de todo el conjunto «invertido».

En definitiva, en este ensayo vamos a dar voz a todas las disidencias sexuales, a todos los que, por razón de su orientación sexual, vivieron y sufrieron el franquismo en su estado más puro.

En la dictadura franquista, la homosexualidad forma un binomio junto con la represión. Esta no fue ejercida de una manera arbitraria y casual, como se ha venido pensando hasta la fecha. Haremos un estudio de esos frentes de represión focalizando en todos aquellos aspectos que, como se mostrará, quedan todavía oscuros y confusos por una desatención historiográfica. Un ejemplo es la obra del psiquiatra Valentín Pérez Argilés. En el caso de la psiquiatría, dado que ha sido investigada centrándose en personajes concretos en detrimento de una panorámica más amplia, nos encargaremos de aproximarnos a la materia sin caer en infecundos personalismos e intentando mostrar los cambios, los puntos de inflexión de la «ciencia» médica en general frente al hecho homosexual.

La legislación encargada de reprimir al «invertido» es la que más páginas ocupa en las investigaciones publicadas[2], especialmente la Ley de Peligrosidad y Rehabilitación Social[3] de 1970, hecho que justifica que en este ensayo no nos obcequemos con la LPRS, evitando así dejar en el ostracismo el resto de normativas.

Otra conclusión que explicitaremos es la necesidad de una visión más completa y analítica sobre la homosexualidad en la dictadura. Para poder entender cómo fue reprimida la diversidad sexual necesitamos conocer cómo vivió, pero las investigaciones academicistas sobre la vida cotidiana del homosexual en el franquismo son todavía inexistentes.

Precisamente, pretendemos contribuir con este libro no solo a la recuperación de la memoria, sino también a alcanzar un mayor entendimiento del triste fenómeno que fue la aniquilación de lo homosexual en la «Una, Grande y Libre»

2. Terminando así con la preocupación de Baidez, en cuyo libro de 2007 alertó sobre el gran vacío en lo referente al ámbito legislativo.

3. LPRS en adelante.

de Franco. Concentrándonos en un único elemento represor habríamos conseguido mayor profundidad. Sin embargo, para obtener una visión global que ayude a entender esta realidad del pasado es necesario analizar las relaciones existentes entre los tres principales pilares represivos: la psiquiatría, la legislación y la Iglesia católica. Esta última debe entenderse junto con la masa de creyentes, esa sociedad coactiva embriagada por la moral cristiana.

En el ya lejano año de 1996, Juan Vicente Aliaga y José Miguel Cortés afirmaban que la historia del homosexual en el siglo XX era «una tarea pendiente». En la actualidad, más de dos décadas después, todavía lo sigue siendo. No obstante, se ha producido, al menos, el arranque del motor historiográfico.

Si queremos recuperar nuestra memoria histórica, también debemos dar voz a esas mujeres que sufrieron las garras de la dictadura. Existen las suficientes fuentes para no dejar este capítulo de la historia en blanco. Ha llegado el momento de dejar a un lado la tradicional distinción entre hombres y mujeres en las investigaciones del tema que nos ocupa, ya que, si bien resulta productiva la dicotomía desde el punto de vista metodológico, por otro lado, contribuye a ofrecer una visión parcial. Del mismo modo que la historia de las mujeres no se entiende sin hablar de la otra mitad de la población, sin hablar del hombre, la crónica de la homosexualidad no se puede entender sin hablar de las lesbianas.

Por ello, en este ensayo integraremos a ambos géneros en un discurso dinámico, pues solo así será posible, si no alcanzar, sí cuando menos aproximarse a una realidad tan compleja como es la sexualidad, en este caso, las sexualidades no normativizadas.

En el apartado que sigue a esta introducción dedicaremos unas páginas al trazado de un breve y paradigmático estado de la cuestión. Analizado el panorama historiográfico, pasaremos al capítulo «Construcción y funcionamiento del sistema represivo», en el que nos encargamos de explicar la forma en que reprimieron al no heterosexual desde la psiquiatría, la legislación y la

Iglesia católica. Descubriremos las conexiones e interrelaciones no casuales e imprescindibles entre los tres pilares.

Sobre el papel represor de la legislación y la psiquiatría contra el homosexual existen varias investigaciones, no así sobre la determinante función de la Iglesia, cuyo papel no es precisamente menos trascendente. La Iglesia, testigo y cómplice activo del dictador, acabó por generar una masa social impregnada de moral cristiana. Ese ejército civil adoctrinado fue un elemento esencial en el entramado represivo contra todo aquello que no tenía cabida en el discurso franquista.

La sociedad coactiva[4] jugó un papel trascendental e imprescindible en la «vida cotidiana» de todo individuo que rompía con las normas establecidas. Su papel consistió en reprimir estigmatizando y, sobre todo, delatando.

La siguiente parada será «¿Represión sexual, dominación social?» y en ella cuestionaremos si dicho entramado represivo tuvo el éxito esperado. Aportaremos y trabajaremos fuentes tan olvidadas como imprescindibles para el estudio de este colectivo.

Finalmente, lejos de concluir, presentaremos una ventana al mundo de la reflexión. Será una invitación al pensamiento, eso que tanta falta hace en nuestra desorientada sociedad. Cómo llega una colectividad a ser cómplice y partícipe de una idea envenenada; por qué motivos quiere el poder acabar con un grupo minoritario. ¿Acaso no podría volver a repetirse?

Quedan demasiadas páginas en blanco en los libros de Historia. El relato de la masa social, de las minorías, de los que no son varón, heterosexual, blanco y rico, apenas ha comenzado a escribirse.

4. En el sentido pleno del término, es decir, que es coaccionada y ejerce coacción.

2. Breve estado de la cuestión

> «Uno no puede ponerse del lado de quienes hacen la historia, sino al servicio de quienes la padecen».
> ALBERT CAMUS

Hace una década el historiador Jean-Louis Guereña iniciaba uno de sus artículos lanzando una pregunta: «¿Es la sexualidad objeto de la Historia?».[5] Desde que formuló la cuestión hasta el momento en el que escribimos estas líneas, el número de investigaciones realizadas sobre la materia no ha hecho sino hacer afirmativa la respuesta.

En los dos últimos lustros la historiografía se ha encargado de iluminar esas parcelas que, todavía hoy para algunos, son ajenas al campo de la historiografía e incluso poco dignas de ser investigadas.

Podemos continuar con otra pregunta, ¿por qué ahora y no antes se han interesado los investigadores por el tema de la sexualidad?

5. GUEREÑA, Jean-Louis: «La sexualidad en la España contemporánea (1800-1950)», *Hispania*, vol. 64, n.º 218, 2004, pp. 825-833.

El interés del ser humano[6] muta en función de su tiempo presente, el cual, inevitablemente, condiciona tanto el tema de trabajo como su visión sobre el mismo. En definitiva, la subjetividad es inevitable incluso en la elección del objeto de estudio. Aspectos como la disponibilidad de fuentes o la posibilidad de publicación también condicionan el tema de investigación.

La historiografía, como ser vivo que es, va cambiando su interés a favor o en detrimento de un determinado asunto. En los últimos años ha despertado su curiosidad por la sexualidad. Este despertar es debido, probablemente, a una mayor maduración social y a lo yermo y necesitado que está el tema de estudio al haber arrastrado durante décadas multitud de prejuicios sociales.

Si comparamos el panorama de investigaciones españolas sobre la sexualidad con el producido por universidades anglosajonas, apreciamos un claro retraso en el ámbito hispano. La New York University cuenta con el Center for the Study of Gender and Sexuality, dirigido por la profesora Ann Pellegrini, así como con el Lesbian, Gay, Bisexual, Transgender and Queer Student Center. Aunque dicha universidad es una de las que al cabo del año publica un mayor número de investigaciones sobre esta materia, la pionera en este campo fue la San Francisco State University, la cual lleva más de medio siglo estudiando y apoyando la investigación de la historia de la sexualidad.[7]

En los últimos años está despuntando la universidad británica de Leeds gracias al trabajo realizado por el grupo de investigación History of Sexuality, formado entre otros por el historiador Richard Cleminson.

¿Qué tenemos es España? Apenas un par de grupos de investigación en nuestras universidades; no obstante, una lan-

6. Expresión del lenguaje creado por la sociedad heteropatriarcal.

7. No debemos olvidar que ambas ciudades, por su historia, quedan en cierto modo ligadas al movimiento homosexual. San Francisco por concentrar a un número considerable de población gay gracias a su tradición liberal y, Nueva York, por ser el escenario de los mitificados disturbios de Stonewall (1969).

zadera palia ese atraso español: las editoriales, que son en nuestro país las que cubren en cierta medida el vacío al dar voz a esos temas a los que el academicismo cierra sus puertas. De nuevo, las universidades españolas alienadas en su microcosmos.

Cabe destacar que la lesbiana ha sufrido un doble olvido historiográfico, por un lado, por su orientación sexual y, por otro, por su condición de mujer.[8]

¿A qué se debe ese vacío? Uno de los motivos de mayor peso es la escasez de fuentes que permitan rastrear el «lesbianismo». Sin embargo, la dificultad de acceder a los documentos no justifica la resignación a no hacer nada, ya que, como veremos, el lesbianismo llegó a ser incluso penado por la ley, como prueban una serie de expedientes y las propias fuentes orales.

También es habitual que muchos autores aleguen la falta de referencias en sus obras al lesbianismo por la negación de la sexualidad femenina que defendía el franquismo. Como expresa Olmeda «admitir el lesbianismo era admitir que las mujeres podían encontrar satisfacción afectiva y sexual independientemente del varón».[9]

Dicho autor dedica al lesbianismo un capítulo de los dieciocho que conforman su obra, o lo que es lo mismo, tan solo ocho páginas. De estas, una parte importante son copadas por el testimonio de Empar Pineda, feminista y lesbiana cuyas palabras revelan su experiencia al final del franquismo.

Arturo Arnalte también dedica un breve capítulo al lesbianismo, aunque a diferencia de Olmeda, además de emplear testimonios orales para reconstruir la «vida cotidiana» de las lesbianas, recurre a los textos del jurista Antonio Sabater y al discurso de Pérez Argilés. Combinando estas fuentes consigue

---

8. ORTIZ GÓMEZ, Teresa: «Estudios de mujeres: España», en KRAMARAE, Cheris y SPENDER, Dale (dirs.): *Enciclopedia Internacional de las Mujeres. Edición especial para el ámbito hispanohablante* (Rosa García Rayego y Gloria Nielfa Cristóbal, editoras de la edición española), 5 vols., Madrid, Síntesis, 2006, vol. 2, pp. 899-901.

9. OLMEDA, Fernando: *El látigo y la pluma. Homosexuales en la España de Franco*. Madrid, Oberon, 2004, p. 157.

ofrecer una visión más completa de ese fenómeno invisibilizado y negado pero latente.

Un aspecto que no debe pasar desapercibido es el anonimato al que optan las no heterosexuales tanto en la obra de Olmeda como en la de Arnalte. El hecho de que prefieran dar nombres ficticios revela, si no el trauma, sí, desde luego, la existencia todavía de cierto temor por su orientación sexual.

Además, esa desatención a la mujer no heterosexual está ligada a que la crónica de la homosexualidad en el franquismo está siendo escrita sobre todo por hombres. Las pocas investigaciones que se ocupan del lesbianismo han sido realizadas por mujeres (lo mismo ocurre con los estudios sobre historia de las mujeres).

La única investigación publicada hasta la fecha que se ocupa íntegra y exclusivamente del lesbianismo es *Mujeres bajo sospecha*[10], editada por la socióloga Raquel Osborne. La cronología abarcada no se limita al periodo franquista, sino que se extiende de 1930 a 1980, proporcionando así una idea de las rupturas y continuidades que supuso el Régimen en lo referente a la sexualidad.

El hecho de que la obra esté formada por investigaciones tanto de historiadores o sociólogos como de especialistas en medicina o en legislación confirma que el tema de la sexualidad es y debe ser abarcable desde muy diversas ciencias sociales.

El sociólogo Lucas Platero también ha contribuido a reducir el vacío del lesbianismo en el franquismo con la publicación de diversos artículos sobre la masculinidad en el Régimen. Ha investigado, además, el caso de María Elena N. G., una mujer detenida en Barcelona a la edad de veintiún años acusada de masculinización y lesbianismo.

Sara Ramos y Teresa Rabazas defienden que los estudios sobre mujer y género fueron introducidos por la sociología.[11]

---

10. OSBORNE, Raquel (ed.): *Mujeres bajo sospecha. Memoria y sexualidad 1930-1980*. Madrid, Fundamentos, 2012.

11. RABAZAS ROMERO, Teresa y RAMOS ZAMORA, Sara: «La construcción del género en el franquismo y los discursos educativos de la Sección Femenina», *Encounters on Education*, vol. 7, 2006, pp. 43-70.

Con el estudio de la mujer no heterosexual se repite la jugada; la sociología ha sido la pionera.

Más recientes son las obras *Control, represión y reeducación de los homosexuales durante el franquismo y el inicio de la transición* (2016), de Jordi Terrasa Mateu, y parte del ensayo de Rosi Legido, *Escondidas en el cine. Censura y personajes sáficos* (2021).

En definitiva, tras este breve recorrido, queda patente que la homosexualidad durante el franquismo ha sido una cuestión inexistente para la historiografía hasta hace apenas una década. Siguen quedando muchos interrogantes, demasiados espacios en blanco y una larga lista de cuestiones por resolver. Con este ensayo pretendemos arrojar algo de luz sobre el tema.

3. Construcción y funcionamiento del sistema represivo

> «Lo peor era la comida... vi hombres allí que entraban con 87 kilos y se quedaban en 45».
> OCTAVIO GARCÍA
> (Sobre el campo de concentración para homosexuales en Tefía).

> «El poder resultante de un abuso de poder, nunca es para siempre».
> VICTORIA SAU

La represión franquista contra la disidencia sexual fue ejercida desde diversos ámbitos o esferas que actuaban de forma dependiente. El horizonte de Franco era una España limpia de comunistas y homosexuales; una patria tradicional y católica de «buenas costumbres». ¿Cómo entonces no iba el pequeño dictador a diseñar una estrategia para llevar a cabo esa limpieza que tanto le obsesionaba?

Pero, antes de continuar, es preciso trazar unas breves pinceladas sobre cómo era el homosexual reprimido antes del franquismo. El catolicismo había coseguido impregnar y contaminar fuertemente la moral social, por lo que, como podremos imaginar, estaba mal visto que dos personas del mismo género mostraran su afecto en público. Pero tampoco estaba más aceptado que lo hicieran dos personas heterosexuales. Recordemos que la sexualidad era comprendida, en teoría, únicamente para concebir.

Desde 1898 España estaba modernizándose o, por lo menos, lo intentaba. Alberto Mira, en *De Sodoma a Chueca*, ha estudiado cómo esa modernización trajo consigo una mayor visibilización de la homosexualidad, la cual no tardó en incomodar a algunos sectores sociales, incluso a hombres de teórico talante liberal. Basta recordar la denigrante comparación que hizo Pío Baroja entre los homosexuales y las hemorroides.

Esta mayor presencia de «lo homosexual» en la España de principios del siglo XX no discrepa con la realidad europea. De hecho, si bien la homosexualidad hasta la segunda mitad del XIX había existido (siendo mal vista, pero ignorada como categoría científica), a partir de 1870 será objeto de estudio de médicos y juristas. Es precisamente a partir de ese año cuando se empieza a emplear el término «homosexual», tras ser desarrollado por el escritor Karl-Maria Kertneby. Hasta esa fecha, el vocablo empleado por la comunidad científica era el de «sodomita».

En España fue en 1928, durante la dictadura de Primo de Rivera, cuando por primera vez se condenaba en el Código Penal no la práctica pública de actos homosexuales, sino el simple hecho de serlo. En dicho Código también se penaba la exhibición de «actos pasionales» por escándalo público tanto de heterosexuales como de homosexuales, pero la condena de estos últimos era el doble de gravosa.

Durante la Segunda República, la persecución de la diversidad sexual se relajó de tal modo que en el Código Penal de 1932 la condena para heterosexuales y homosexuales (delitos contra la honestidad) pasó a ser la misma.

Artículo 433. Incurrirán en las penas de arresto mayor, multa de 500 a 5000 pesetas e inhabilitación para cargos públicos: 1.º Los que de cualquier modo ofendan al pudor o a las buenas costumbres con hechos de grave escándalo o trascendencia, no comprendidos expresamente en otros artículos de este código...

Artículo 435. Serán aplicables totalmente las sanciones del artículo 433 a los delitos en él previstos, aun cuando alguno de los hechos que les constituyan se ejecuten en país extranjero... Artículo 436. Incurrirán en la pena de multa de 250 a 2500 pesetas los que expusieren o proclamaren por medio de imprenta, o con escándalo, doctrinas contrarias a la moral pública.

Asimismo, en la Ley de Vagos y Maleantes de 1933 no incluyeron a los homosexuales, sin embargo, la ambigüedad del texto era tal que el franquismo no la modificó hasta 1954.[12]

A continuación, centrados ya en la dictadura franquista, investigaremos la relación latente entre los diversos brazos opresivos que nos permite hablar de la existencia de un complejo sistema represor. Es decir, un exterminio de lo no heterosexual más pensado y organizado de lo que hasta ahora se ha venido asumiendo.

3.1. Psiquiatría. Una ciencia al servicio del Régimen

«Mi último paciente era un desviado. Después de la intervención quirúrgica en el lóbulo inferior derecho presenta, es cierto, trastornos en la memoria y la vista, pero se muestra ligeramente atraído por las mujeres».
LÓPEZ IBOR
(Congreso de Medicina de San Remo, 1973)

12. Debido no solo a la ambigüedad de la Ley del 33, sino a que los franquistas no necesitaron nunca ley alguna para reprimir y asesinar.

Finalizada la guerra civil española con el triunfo de los sublevados, el país experimentó en todas las esferas un profundo cambio marcado por la sangre, el odio y la represión. No fue una excepción el campo de la psiquiatría, el cual había conseguido durante la Segunda República si no igualarse al nivel de países como Alemania o Estados Unidos, sí al menos lograr en sus investigaciones un éxito reconocido internacionalmente.

Los psiquiatras que más prestigio tuvieron durante el franquismo hicieron que esta ciencia sufriera una gran involución, poniendo de nuevo sobre la mesa debates que ya habían sido superados en el pasado. Un ejemplo es el de las terapias conductistas para «curar» la homosexualidad, las cuales ocuparon un papel central en las prácticas psiquiátricas de la España de los setenta, mientras que en el resto de Europa llevaban lustros descartadas por su ineficacia y, sobre todo, brutalidad.[13]

Es importante dedicar un espacio a la psiquiatría para estudiar el tema de este ensayo, puesto que el comportamiento del Régimen frente al homosexual estuvo dirigido por las teorías que aportaban psiquiatras como Antonio Vallejo Nágera. Sus investigaciones fueron respaldadas por Franco y llegaron a convertirse en el vértice de la represión contra el no heterosexual. No obstante, pese a que es el nombre más mencionado en las obras que versan sobre la materia, no es ni el único ni el que mejor nos hará entender esa realidad del pasado.

También estudiaremos las figuras de Juan José López Ibor y Valentín Pérez Argilés, cuyas obras, por la cronología de sus estudios sobre sexualidad, tienen mayor validez para atender el periodo posterior a la década de los cincuenta.

En los años cuarenta, la psiquiatría del Régimen, encabezada por Vallejo Nágera, catalogó al homosexual como enfermo, pasando a convertirse así, en palabras de dicho psiquiatra, en un «deficiente mental».[14] Esta concepción todavía no rompe con

13. FERRARONS, Albert: *Rosa sobre negro. Breve historia de la homosexualidad en la España del siglo* XX. Madrid, Egales, 2010, p. 74.

14. BAIDEZ APARICIO, Nathan: *Vagos, maleantes... y homosexuales. La represión a los homosexuales durante el franquismo*. Barcelona, Malhivern, 2007, p. 58.

la que había en la Segunda República y coincide con la visión internacional que había en el momento sobre el homosexual. Lo que sí supuso una ruptura fueron los tratamientos que se adoptaron para tratar al «invertido».[15] Pero no solo se le consideró enfermo, también quedó estrechamente ligado al mundo de la delincuencia.

«Agresivo», «vicioso», «tendente a la cleptomanía» u «holgazán» son solo algunos ejemplos de los adjetivos que Vallejo Nágera dedicó al homosexual. De hecho, en su obra *Lecciones de psiquiatría* afirma: «En los enfermos psíquicos es frecuente la tendencia a la criminalidad».[16]

Cuando la dictadura todavía no contaba con un año de vida, Vallejo Nágera, en otra de sus obras, *Tratamiento de las enfermedades mentales*, proporcionaba al Régimen un fundamento «científico» contra el homosexual, incluyéndolo en la lista de perfiles psicopáticos[17]; aportó así las semillas del discurso psiquiátrico que desarrollarían sus sucesores.

Entre las «hazañas» de Nágera con los homosexuales destaca el análisis de procedencia de la homosexualidad, cuyo resultado descartó que los invertidos tuvieran secuelas neurológicas, pero sí cambios mentales en lo que al carácter y la personalidad respecta.

En algunos países europeos como Alemania se intentaba sanar al homosexual injertándole testículos de cadáveres. También Gregorio Marañón había llevado a cabo la misma práctica en España, y es que dicho doctor, sin romper con el enfoque europeo, en su obra *Los estados intersexuales de la especie humana* (1929), se refería a la homosexualidad en estos términos:

15. «Invertido» fue la palabra más empleada durante el franquismo para referirse a las personas homosexuales. También era usado para las mujeres, ya que tanto en expedientes como en otros textos de la época aparece el término «invertida». «Sarasa», «librera», «maricón», «violeta»... son otros términos de la época.

16. VALLEJO NÁGERA, Antonio: *Lecciones de psiquiatría*. Editorial Científico-Médica, 1958, p. 117.

17. Cuatro años después, vuelve a reafirmar el concepto en *Tratado de Psiquiatría* añadiendo que la homosexualidad era una desviación del instinto sexual normal.

> La intersexualidad del instinto (homosexualidad) es una rama torcida en el progreso de la vida sexual. Para que no brote no hay otro remedio que fortificar la diferenciación de los sexos, exaltar la varonía de los hombres y la feminidad de las mujeres. Empresa ardua porque en ella se incluye multitud de problemas biológicos, pedagógicos, morales y económicos de infinita trascendencia. Pero empresa hacedera, a condición de no cerrar los ojos ante la verdad.

De una forma inconsciente, Gregorio Marañón ya definió los géneros como una construcción artificial fruto del sistema socioeconómico.

Volviendo al asunto de las macabras técnicas «curativas», Vallejo Nágera desechó la mencionada técnica de Marañón y optó por la esterilización terapéutica, en la que no confiaba plenamente, ya que no creía en la «curación» del homosexual, de ahí que apoyara la encarcelación y condena del desviado como un delincuente.

Si analizamos los escritos de Vallejo Nágera y los comparamos con los de López Ibor, comprobamos que el discurso de este último no está libre de descalificativos, pero sí desaparece la terminología «nageriana» que relaciona al homosexual con la delincuencia. Uno de los motivos que indica Albert Ferrarons es la mayor importancia que López Ibor le da a la investigación médica en detrimento de la criminológica. Otra explicación más simple, siguiendo aquello de la navaja de Ockham, es la distancia cronológica de los escritos, unos de principios de los cuarenta y otros de finales de los sesenta, cuando España había dejado atrás la autarquía y pasaba a participar en el juego internacional.

Por otro lado, el zaragozano Pérez Argilés se encargó de realizar una lista con ocho características físicas que servían, desde su punto de vista, para identificar al «sarasa». De este modo, proporcionó al Régimen la justificación para detener a cualquier persona desafecta alegando simplemente que era sospechoso de «mala conducta». Este hecho explica que en muchos de los testimonios actuales de encarcelados durante la dictadura se haga referencia a la homosexualidad o «desviación», pese a que el mismo no tuviera esa orientación sexual.

Aunque este psiquiatra dedicó mucho tiempo a elucubrar sobre la sexualidad, apenas es nombrado en las investigaciones. El historiador Arturo Arnalte es el único que con *Redada de violetas* ha dado más importancia a la figura del zaragozano que a la de los dos madrileños.[18]

El discurso de Pérez Argilés se caracteriza por incluir a la mujer como ser sexual que puede convertirse, y se convierte de hecho, al igual que el hombre, en «invertida». Estudió con minuciosidad la sexualidad de los animales comprobando que, según él, la homosexualidad estaba muy extendida entre la fauna. Le preocupa que con la especie humana ocurra lo mismo y, para evitar la perversión en las personas, defiende que desde la infancia deben ser vigilados para evitar la «enfermedad».

Es en esta línea del discurso cuando Pérez Argilés, consciente o inconscientemente, dotó a la mujer de sexualidad propia, hecho que contradecía el discurso de género construido por el franquismo. Defiende que es en el periodo de la adolescencia cuando la persona, con independencia de su género, tiene una mayor permeabilidad hacia la desviación por los traumas sentimentales y sexuales o por la seducción de pederastas adultos. Para saber si el adolescente varón se desviaba había que atender dos anomalías, una referente a la criptorquidia y otra a la ginecomastia. Según la RAE, la primera consiste en la «ausencia de uno o de ambos testículos en el escroto» y la ginecomastia en el «volumen excesivo de las mamas de un hombre, producido por alteración hormonal». En el caso de la mujer se debía atender al desarrollo excesivo del clítoris y al hirsutismo, es decir, a la abundancia de vello en zonas corporales «andrógeno-dependientes».[19]

---

18. ARNALTE, Arturo: *Redada de violetas. La represión de los homosexuales durante el franquismo.* Madrid, La Esfera de los Libros, 2003, pp. 92-99.

19. En: http://www.dmedicina.com/enfermedades/dermatologicas/hirsutismo-1 (Consultada en 19 de abril de 2013).

La existencia de esta técnica para conocer la posible homosexualidad de una mujer es un dato importante, pues demuestra una de las contradicciones del Régimen. Por un lado, no censura un análisis que permitiría reconocer a lesbianas y, por otro, negaba la sexualidad de la mujer. De hecho, López Ibor defendía que la «naturalidad sexual» degradaba a la mujer y la desidentificaba.[20]

No es el de la identificación de la homosexualidad en la adolescencia un caso aislado en el que se incluya a la mujer. En su investigación sobre el «homosexualismo»[21] aparecen con recurrencia las «desviadas del sexo femenino», de las cuales afirma que «son, muchas veces, genéticamente, machos más o menos feminizados».[22] También en su listado de ocho elementos para detectar al homosexual hace referencia a la desviación sexual de la mujer. En concreto en tres puntos que citamos textualmente a continuación:

> En cuarto lugar, el reparto del vello: barba, pelo en el pecho, para los hombres, cuanto más, mejor. Para las mujeres, pestañas gruesas y largas. De lo contrario, mal pronóstico.
> En séptimo lugar, el reparto de la grasa. Fundamental: con un compás de espesor se mide un pliegue cutáneo de la nuca, a nivel del atlas, y otro en la piel, a nivel de las últimas vértebras sacras. Si la piel de la nuca no es más gruesa que la de la región sacral en el hombre, y a la inversa en la mujer, ay (sic) de esos cromosomas.
> En octavo y último lugar, una prueba morfológica infalible que puede practicar cualquiera en casa. Hay que invitar a la persona a que enlace las manos y trate de unir los codos delante del cuerpo. En el hombre normal, esta operación es imposible y sus brazos formarán una V invertida. En la mujer sana, por el contrario, los codos se tocarán con facilidad y los brazos dibujarán una Y delante de su cuerpo.[23]

---

20. GONZÁLEZ DURO, Enrique: *Psiquiatría y sociedad autoritaria: España 1939-1975*. Madrid, AKAL, 1978, pp. 280-281.

21. Término habitual en el lenguaje de la época, especialmente en los años setenta.

22. ARNALTE, *Redada de...*, *op. cit.*, p. 95.

23. ARNALTE, *Redada de...*, *op. cit.*, pp. 94-95.

Analizando estos factores en la actualidad podemos afirmar que rozan el absurdo, sin embargo, debemos contextualizarlos en una sociedad en la que la homosexualidad era algo oscuro y que, por tanto, pese a carecer de veracidad científica, los postulados psiquiátricos eran aceptados como grandes axiomas.

Como se puede deducir, las percepciones sobre la homosexualidad de los tres psiquiatras guardan grandes diferencias. Nos encontramos, por un lado, con una figura muy estudiada por la historiografía, Vallejo Nágera, quien creía en el homosexual más como delincuente que como enfermo, motivo por el cual desconfió de una curación real. Por otro, tenemos a López Ibor y Pérez Argilés, cuyas teorías marcan una clara diferencia con las nagerianas, apostando por un homosexual descrito como enfermo al que se debía curar.

Asimismo, si comparamos las explicitaciones de López Ibor con las de Pérez Argilés, apreciamos también importantes diferencias entre ambos psiquiatras. Podemos afirmar que este último es más ecuánime con el homosexual: niega la creencia popular de que la «enfermedad» era producida por practicar con demasiada frecuencia la masturbación y rechaza el carácter hereditario. Todo un logro para la época. Otro hecho importante que diferencia a los tres psiquiatras son las terapias curativas llevadas a cabo con los homosexuales. Vallejo Nágera optó por la esterilización terapéutica, aunque sin confiar en una curación definitiva. López Ibor apostó fuertemente por la terapia de aversión y la lobotomía[24], mientras que Argilés se decantó por la vía de la castidad y la justicia. De las técnicas curativas puestas en marcha por López Ibor tenemos constancia tanto por sus propias declaraciones como por fuentes orales. El psiquiatra comenzó practicando la terapia de aversión y acabó introduciendo en España la práctica de la lobotomía.[25]

---

24. http://www.interviu.es/reportajes/articulos/de-pavlov-a-la-lobotomia (Consultada el 20 de abril de 2013).

25. Un estudio detallado sobre López Ibor y las prácticas llevadas a cabo por los psiquiatras del Régimen se encuentra en: GONZÁLEZ DURO, Enrique. *Psiquiatría..., op. cit.*

De la primera práctica, consistente en la aplicación de *electroshocks* durante la proyección de imágenes de varones, contamos, entre otros, con el testimonio del poeta Leopoldo María Panero. En una entrevista realizada en 2005 habla del psiquiatra en estos términos: «López Ibor te daba *electroshocks* y luego te ponía una imagen de santa Teresa en la mesilla. No he visto un nazi parecido en los días de mi vida».[26] Sobre la lobotomía son recogidas en diversas investigaciones las palabras del propio López Ibor en una conferencia pronunciada en el Congreso de Medicina de San Remo en 1973:

> Mi último paciente era un desviado. Después de la intervención quirúrgica en el lóbulo inferior derecho presenta, es cierto, trastornos en la memoria y la vista, pero se muestra ligeramente atraído por las mujeres.[27]

También por esos años, cuando a Franco le quedaba menos de un lustro de vida, Jesús Chamorro, Fernando Medina y Fernando Chamorro publicaron *Resultados obtenidos con técnicas proyectivas en una muestra de 200 delincuentes homosexuales españoles*. Los tres médicos trabajaban en el Departamento de Homosexuales de la Central de Observación de Carabanchel. Su labor consistía en catalogar a los delincuentes homosexuales varones para destinarlos o bien a la prisión de Huelva, para pasivos, en teoría, o a la de Badajoz, para activos.

El libro es un estudio clínico con una gran cantidad de datos estadísticos, aunque lo que más nos interesa aquí son las «consideraciones sobre la homosexualidad» con las que presentan el estudio. Defienden que la homosexualidad es un tema especialmente importante «por el número tan elevado de personas que inciden en esa especie de campo maldito con que nuestra sociedad heterosexual denomina a la inversión».[28]

---

26. En: http://elpais.com/diario/2005/08/09/ultima/1123538401_850215.html (Consultada el 20 de abril de 2013).
27. ARNALTE, *Redada de...*, *op. cit.*, p. 102.
28. CHAMORRO, *Resultados... op. cit.*, p. 9.

Otro aspecto que debemos resaltar es la definición que ofrecen sobre «homosexualidad», ya que en la misma, paradójicamente, incluyen a la mujer homosexual.

Con dicho estudio de la Central de Observación de Carabanchel, queda patente la estrecha relación existente entre la psiquiatría y la justicia en el tratamiento condenatorio del homosexual. Pese a su trascendencia, apenas es nombrado en las investigaciones. Tan solo en la obra ya citada de Arnalte se encuentran sintetizados los resultados de las pruebas.[29]

El estudio realizado por la Central de Observación se enmarca en los últimos compases de la dictadura, momento en el que aparecieron las primeras voces que cuestionaban públicamente la psiquiatría adepta al Régimen. Una de esas voces fue la del doctor Manuel Gómez-Beneyto, quien cinco años después de la aparición del estudio de Chamorro dio una conferencia en el Primer Congreso de Marginación Social celebrado en Valencia.[30] Su intervención llevaba por título «La marginación del homosexual vista por un psicólogo-psiquiatra». En su ponencia comienza exponiendo que las conductas, sentimientos y actitudes de la sociedad son impuestas por la clase dominante y, los que se saltan la norma, acaban en cárceles u hospitales para ser rehabilitados o eliminados físicamente. Define homosexualidad como «la capacidad de amar al propio sexo», sustituyendo así, como él mismo expresa, las palabras dadas por la tradición de «tendencia» y «relacionarse sexualmente» por «capacidad» y «amar». De este modo, eliminaba el significado peyorativo.

Quizá lo más revolucionario del mensaje de Gómez-Beneyto se encuentra en la afirmación de que el homosexual no es el que tiene el problema, sino que el mismo surge por la existencia de una norma heterosexual. Le resultan absurdos, por tanto, todos los estudios que se habían hecho sobre el origen de la homosexualidad o una posible «curación». Afirma que la

29. ARNALTE, *Redada de…*, *op. cit.*, pp. 104-110.

30. El texto de la conferencia se puede ver en: ENRÍQUEZ, José Ramón. *El homosexual ante la sociedad enferma.* Barcelona, Tusquets, 1978, pp. 39-46.

psiquiatría y la psicología sirven para defender la norma establecida. Ambas ciencias buscan dicho fin reprimiendo a partir tanto de la hospitalización y el tratamiento como de la catalogación como «enfermo» de todo aquel que no cumpla la norma. De este modo, la psiquiatría y psicología fueron instrumentos de poder al servicio de Franco.

Los tres psiquiatras de los que hemos hablado, cada uno con su visión particular, ofrecieron al Régimen la base científica para actuar contra el homosexual.[31] Vallejo Nágera apostó por el homosexual como «delincuente», López Ibor y Pérez Argilés como «enfermo contagioso». No obstante, todos tenían un punto en común, que era, a su vez, uno de los pilares de la dictadura; la Iglesia católica. Lo que no cambió a lo largo del discurso psiquiátrico fue la figura del homosexual como pecador inmoral.[32]

Con la justificación «científica» del invertido, primeramente como un delincuente y como un enfermo contagioso después, Franco pasó a ocuparse de esas personas que no encajaban en la Nueva España a partir de la legislación y del castigo penitenciario. Este es el tema que abordaremos en el siguiente apartado.

3.2. Legislación: el principio de acción-reacción

«Noveno.—Finalmente, la Ley se preocupa de la creación de nuevos establecimientos especializados que [...]

31. Un estudio exhaustivo sobre la relación entre las investigaciones de Vallejo Nágera y López Ibor con el Régimen se encuentra en: GONZÁLEZ DURO, Enrique: *Los psiquiatras de Franco. Los rojos no estaban locos*. Barcelona, Península, 2008.

32. Un estudio general sobre cómo ha sido contemplada la homosexualidad, como pecado, delito y enfermedad, en diferentes épocas y sociedades, se encuentra en la tesis doctoral del médico Alberto García Valdés, publicada en 1981 por Akal bajo el nombre de *Historia y presente de la homosexualidad*.

garantizarán la reforma y rehabilitación social del peligroso, con medios de la más depurada técnica y mediante la intervención activa y precisa de la autoridad judicial especializada».
Ley 16/1970, de 4 de agosto, sobre rehabilitación y peligrosidad social.

Pese a que el Régimen, sobre todo en el primer franquismo, llevó a cabo una justicia arbitraria sin necesidad de contar con un marco de legalidad para encarcelar y asesinar, la homosexualidad quedaba penada por el artículo 431 del Código Penal de 1944. En este no se condenaba al homosexual en sí, sino los actos que no seguían las «buenas costumbres» y provocaban «escándalo público». Por tanto, aunque no contiene el término explícito, implícitamente condena las prácticas homosexuales. Ante esta ambigüedad, podían ser castigados tanto hombres como mujeres que llevaran a cabo actos que ofendieran la moral católica. Si una relación homosexual, sexual y/o sentimental, era desarrollada en privado, pero, de algún modo, trascendía a la vida pública, los practicantes del acto quedarían en cualquier caso condenados.

Según el propio texto, el culpable era penado económicamente y privado de libertad:

> El que, de cualquier modo, ofendiere el pudor o las buenas costumbres con hechos de grave escándalo o trascendencia, incurrirá en las penas de arresto mayor (un mes y un día a seis meses), multa de 10.000 a 50.000 pesetas e inhabilitación especial. Si el ofendido fuere menor de 21 años (y mayor de 12), se impondrá la pena de privación de libertad en su grado máximo.[33]

Cabe destacar el especial cuidado que pone el Código Penal en las personas en edades tempranas, puesto que al homosexual

---

33. ENRÍQUEZ, *El homosexual...*, *op. cit.*, p. 86.

se le acusará de corruptor de menores. Esta «característica» fue atribuida por la psiquiatría y fueron los juristas los que se sirvieron de ella para justificar una mayor persecución y represión de la «inversión sexual». Este es uno de los puntos que pone de manifiesto cómo para entender la represión es necesario hablar de ambas disciplinas, psiquiatría y legislación en conjunto y no de un modo aislado.

Ante las facilidades represivas que proporciona una ley cuya ambigüedad roza lo absurdo, la pregunta que debería surgir es por qué en 1954, quince años después del «Año de la Victoria», se incluyó explícitamente al homosexual en la Ley de Vagos y Maleantes. Para responder a esta cuestión es necesario apostar por la multicausalidad. En primer lugar, el cambio legislativo viene motivado por los postulados psiquiátricos del momento que, como ya hemos mencionado, clasificaban al homosexual como delincuente. Otra de las causas es la intencionalidad de Franco de dotar al Régimen de una aparente legalidad. Y, por último, otro de los factores es el notorio incremento de los actos homosexuales del que tuvo constancia el Régimen, aumento que, por otro lado, será una constante a lo largo de la dictadura.[34] Es en este contexto en el que aparece la famosa LVM de 1954, que remodela la ley republicana de 1933, y que supone la inclusión del término «homosexual» en el texto legislativo, además de la aplicación de medidas de seguridad.

La primera de ellas consistía en el internado en un establecimiento de trabajo o Colonia Agrícola, en el que los homosexuales debían estar en lugares especiales aislados del resto para evitar el «contagio». En la España de Franco había tantos encarcelados que tuvieron que habilitar lugares insólitos para que funcionaran como prisión. Por esta razón, encontrar un espacio diferenciado en las prisiones para los presos «sexuales» fue toda una utopía.

34. Conviene señalar que, más que un aumento de las prácticas homosexuales, lo que se produjo fue una mayor visibilidad de las mismas.

Las otras dos medidas se encargaban de efectuar un control del sospechoso que no estaba privado de libertad[35], al que prohibían residir en un determinado lugar, le obligaban a declarar su domicilio y lo sometían a la vigilancia de delegados.

Como nos muestra la historia y nuestro propio tiempo presente, entre teoría y práctica hay grandes disimilitudes y la LVM de 1954 no es una excepción. Pese a que el texto legal establecía dichas medidas de seguridad, estas nunca se pusieron en práctica por la imposibilidad económica del momento. Un año antes, en 1953, España había recibido de Estados Unidos quince millones de dólares, maquinaria y alimentos a cambio del establecimiento de cuatro bases militares, pero la economía española seguía anquilosada por la nefasta política autárquica.[36] Solo se podía salir del estancamiento con el abandono de esta vía, la integración internacional y, en definitiva, la liberalización de la economía, la cual llegó, por fin, en 1959 con el Plan de Estabilización. Por tanto, la LVM de 1954 se limitó a barrer las calles de «delincuentes» que sembraban la inmoralidad haciendo gala de las malas costumbres. Los individuos condenados iban a parar a los campos de concentración y a las cárceles donde se encontraban con presos tanto políticos como comunes.

Se fijaron dos centros para encarcelar a los homosexuales, el Campo de Concentración de Detenidos de Nanclares de Oca[37] (Álava) y la Colonia Agrícola Penitenciaria de Tefía (Fuerteventura). En ambos establecimientos había también presos cuyo delito no tenía que ver con la «desviación sexual».

Por los testimonios de los que sufrieron el encarcelamiento sabemos que los homosexuales eran obligados a realizar tareas que, según el Régimen, le correspondían a la mujer, tal es el caso de la limpieza. Es decir, que por transgredir la orientación sexual, les impusieron el rol de la feminidad.

---

35. Nos referimos al individuo que no estaba encarcelado, pues hablar de libertad en una dictadura resulta contradictorio.

36. Un estudio exhaustivo sobre la autarquía se en encuentra en: RICHARDS, Michael: *Un tiempo de silencio; la guerra civil española y la cultura de la represión en la España de Franco*, 1936-1945. Barcelona, Crítica, 1999.

37. En cuyo diseño Franco contó con el apoyo técnico de militares nazis.

Alcanzada la década de 1970 se destinaron otras dos cárceles para albergar a los homosexuales, la de Badajoz para «pasivos» y la de Huelva[38] para «activos». La especialización de estas cárceles para homosexuales es consecuencia de la Ley de Peligrosidad y Rehabilitación Social de 1970, la cual surge, como la de 1954, ante una mayor notoriedad de actos inmorales.

El incremento y la mayor visibilidad guardan estrecha relación con dos aspectos que supusieron grandes cambios en la vida de los españoles. Uno de ellos es el éxodo rural de los sesenta promovido en especial por la mano de obra que necesitaban ciudades industrializadas como Madrid o Barcelona. Estas ciudades no solo proporcionaban trabajo en sus fábricas, también el ansiado anonimato tan buscado por personas cuyos deseos sexuales no podían satisfacer en el medio rural. Otro factor fue el incremento del turismo extranjero de sol y playa. Los turistas extranjeros contribuyeron a la mejora de la economía española y, en el plano social, trajeron una mentalidad más moderna o, en definitiva, una moral más relajada. El Régimen pronto asoció el aumento de la homosexualidad al *boom* del turismo, como se puede comprobar en los escritos de varios fiscales. En 1971 el fiscal de Málaga apuntó en la Memoria de la Fiscalía del Tribunal Superior que había aumentado el «vicio sodomítico... fomentado en la Costa del Sol por los elementos extraños».[39] El fiscal de Las Palmas fue más claro, avisando del «aumento alarmante de las prácticas homosexuales al que contribuye principalmente una especial y degenerada clase de turistas extranjeros».[40]

El protagonismo de la mayor visibilidad de los homosexuales correspondió no solo a los hombres, también a las lesbianas, pues incluso el fiscal de Baleares animó a realizar una clasificación de los tipos de homosexualidad entre mujeres...[41] No solo

38. En la época esta era conocida como «Centro Penitenciario Asistencial», inaugurado en 1932.

39. MONFERRER, *Identidad y..., op. cit.*, pp. 55-56.

40. *Ibidem.*

41. *Ibidem.*

juristas alertaban del aumento del homosexualismo, también el psicólogo clínico Fernando Chamorro estaba alarmado del «número tan elevado de personas que inciden en esa especie de campo maldito».[42]

Incluso el policía y escritor Mauricio Carlavilla, más conocido como Mauricio Karl, en 1956, antes de la eclosión del turismo y del éxodo rural, ya recomendó a los padres que protegieran a sus hijos pues: «La manada de fieras sodomitas, por millares, se lanza a través de la espesura de las calles ciudadanas en busca de su presa juvenil...».[43]

Portada de *Por qué. Semanario Nacional de Sucesos y Actualidades*. Marzo de 1973.

Ante este aumento de las prácticas que atentaban contra «la buena moral», el Régimen endureció la legislación. Surge así, en esta coyuntura de crecimiento tanto económico como «inmoral», la Ley de Peligrosidad y Rehabilitación Social, la

42. CHAMORRO, *Resultados obtenidos...*, *op. cit.*, p. 9.
43. CARLAVILLA DEL BARRIO, Mauricio: *Sodomitas*. Madrid, NOS, 1956, p. 9.

cual, como la de 1954, responde al principio de acción-reacción.

El 10 de octubre de 1967 el Ministerio de Justicia creó una comisión para que diera forma al anteproyecto de la que sería la LPRS. Aunque la comisión estaba formada por varios hombres de leyes, le podemos dar al juez de Vagos y Maleantes de Barcelona, Antonio Sabater, los derechos de autor, ya que fue el procurador de la ley y su máximo inspirador.[44]

Si acudimos directamente al texto de la LPRS, vemos que la finalidad de la misma, como se establece en el primer párrafo, es «defender a la sociedad contra determinadas conductas individuales, que sin ser, en general, estrictamente delictivas, entrañan un riesgo para la comunidad».[45] Pero ¿por qué era peligroso el homosexual para la sociedad? Según Sabater, conocedor de las teorías psiquiátricas del momento, por el contagio.

Era precisamente la propagación de la «enfermedad» lo que más preocupaba a Pérez Argilés, hecho que explica a través de una comparación entre el homosexual y el tuberculoso. Este último no es culpable de su enfermedad, pero será responsable del contagio.

Es en este punto en el que la psiquiatría ofrece una justificación «científica» para que la legislación condene no ya al homosexual como delincuente (LVM de 1954), sino al individuo «enfermo» que realiza actos homosexuales propagando el contagio (LPRS de 1970). De nuevo, psiquiatría y legislación conectadas.

En conclusión, el homosexual queda ahora catalogado y condenado como «peligroso social», porque podría expandir su «enfermedad». La ley adoptó un carácter predelictual, es decir, llevaba a cabo unas medidas de seguridad antes de que

---

44. Para más información sobre su concepción sobre la naturaleza y finalidad de la LPRS consultar: SABATER TOMÁS, Antonio: *Peligrosidad social y delincuencia*. Barcelona, Nauta, 1972.

45. BOE n.º 187 6/08/1970. Ley de Peligrosidad y Rehabilitación Social, p. 12.551.

el delito fuera cometido.[46] ¿Cómo identificar al homosexual? A esta cuestión respondió Pérez Argilés con su listado de ocho elementos para detectarlos. ¿Cómo catalogar y, en función de su tipología, encerrar al homosexual en la cárcel de Badajoz o Huelva? De esto se encargó el Departamento de Homosexuales de la Central de Observación de la prisión de Carabanchel, creado expresamente para este fin.

Los médicos Fernando Medina y Jesús Chamorro, junto con el psicólogo Fernando Chamorro, llevaron a cabo un estudio entre 1967 y finales de 1969 para catalogar al «invertido» en función de su «tipología sexual». Contaron para ello con una muestra de doscientos homosexuales.

Además de activos, pasivos o mixtos, añaden al «congénito pasivo» y al «ocasional», resultando en su estudio ser este último el tipo más habitual junto con el mixto. Les interesaba detectar el «tipo» de homosexualidad para, en función de la misma, enviar al «peligroso social» a una cárcel u otra.

Ante el mayor número de prácticas homosexuales, se incrementó el periodo de internamiento en centros de reeducación y se elevó hasta cinco años el de vigilancia.[47]

La Ley de 1970 buscaba, además de evitar el «contagio», «rehabilitar» al homosexual en centros especiales, como expresa el cuerpo legislativo en el noveno objetivo:

> Finalmente, la Ley se ocupa de la creación de nuevos establecimientos especializados donde se cumplan las medidas de seguridad, ampliando los de la anterior legislación con los nuevos de reeducación para quienes realicen actos de homosexualidad... establecimientos que, dotados del personal idóneo necesario, garantizarán la reforma y rehabilitación social del peligroso.

46. Este fue el aspecto más criticado de la Ley, puesto que condenaba sin que se hubiera llevado a cabo una acción «ilegal». Esta represiva medida contribuyó a que los homosexuales tomaran conciencia de grupo y empezaran a sembrar la semilla de los colectivos que germinarían en la Transición.

47. BOE n.º 187 6/08/1970. Ley de Peligrosidad y Rehabilitación Social, p. 12.553.

En la práctica, fueron ingresados en cárceles con otros presos sin recibir «tratamiento» alguno y, por supuesto, sin ese «personal idóneo». Una vez más, el motivo es de carácter económico, pues no destinaron el presupuesto que se requería.[48]

A diferencia de la LVM, en la elaboración de la Ley de 1970, según Nathan Baidez, se produjo un debate entre los procuradores centrado en la incursión o no de las lesbianas en el texto legislativo.[49] Finalmente, no se incluyó, pues hubiera supuesto el reconocimiento de la sexualidad femenina que tanto tiempo llevaban intentando negar.

La homosexualidad femenina, al igual que la masculina, fue ganando una mayor visibilidad a lo largo de la dictadura. Un informe de la «moralidad pública y su evolución» de 1943 alerta del aumento del lesbianismo en Guipúzcoa y en las islas Baleares, especialmente en Ibiza.[50]

Veinte años después, en la década de los sesenta, Antonio Sabater siguió advirtiendo que la «pasión lésbica debe ser objeto de especial preocupación, tanto porque se viene notando un notorio incremento de la misma, como porque no pocas veces ha conducido a la comisión de delitos contra las buenas costumbres, la propiedad y la vida».[51] Emplea sin tapujos el término «lesbiana» en un documento oficial y, además, asocia a la misma un perfil psicopático, violento y tendente a la criminalidad.

Cabe recordar que esta vinculación siguió vigente en el imaginario colectivo español en la década de los noventa y también en nuestro siglo. Basta recordar los perfiles psicológicos que se vertieron sobre Dolores Vázquez con el caso de Rocío Wanninkhof.

En suma, la historiografía ha adoptado, quizá por cuestiones de comodidad, la idea de que el lesbianismo era invisible sin

48. MONFERRER, *Identidad y...*, *op. cit.*, p. 58.
49. BAIDEZ, *Vagos, maleantes...*, *op. cit.*, p. 48.
50. ARNALTE, *Redada de...*, *op. cit.*, p. 209.
51. *Ibidem*, p. 215.

reparar en que incluso los que ejercieron la represión tuvieron constancia de que el fenómeno estaba muy extendido.

Siguiendo con la LPRS, no considerándola suficiente para frenar la «corrupción sexual», en 1971 se prohibió explícitamente a todo maestro homosexual ejercer la docencia.[52] Esta medida se entiende ante el temor de que el «enfermo» contagie a niños a edades tempranas.

La LPRS fue objeto de una batería de críticas incluso provenientes de juristas.[53] Un ejemplo es Miguel Miravet, fiscal del Juzgado de Peligrosidad y Rehabilitación Social de Palma de Mallorca. En una conferencia dada en 1974, «Homosexualidad, peligrosidad y rehabilitación social», criticó el carácter predelictual de la Ley, afirmando que estaba en contra de la sustitución del delito por el estado de peligrosidad y de la pena por las medidas de seguridad, ya que podía «ir en detrimento de las garantías de los ciudadanos».[54]

Pese a la gran reacción que provocó la Ley, los «peligrosos sociales» no se beneficiaron de la amnistía de 1976.[55] Durante la Transición tampoco corrieron mejor suerte. Tuvo que llegar el año 1995 para que la Ley fuera derogada en su totalidad.

En definitiva, la legislación franquista contra el homosexual, lejos de regular la represión de tales prácticas, endureció las medidas y condenas como respuesta al incremento y a la mayor visibilidad de la disidencia sexual. Por ello, podemos afirmar que la legislación actuó según el principio de acción-reacción.

---

52. ALIAGA y CORTÉS, *Identidad y..., op. cit.*, p. 30.

53. Varios ejemplos se encuentran en *Los homosexuales frente a la ley: los juristas opinan*, de Victoriano Domingo. En esta obra varios juristas valoran la LPRS desde una postura crítica.

54. MIRAVET HOMBRADOS, Miguel: «Homosexualidad, peligrosidad y rehabilitación social» en Instituto de Criminología y Departamento de Derecho Penal. *Peligrosidad Social y Medidas de Seguridad (La Ley de peligrosidad y rehabilitación social de 4 de agosto de 1970)*. Valencia, Universidad de Valencia, 1974, p. 297.

55. De hecho, ese año fueron todavía condenados homosexuales, como es el caso de Antoni Ruiz.

3.3. Iglesia y sociedad coactiva

> «La Iglesia es en gran medida responsable de la marginación que sufren los homosexuales».
> ANTONIO ROIG
> (Exsacerdote expulsado de la orden de los Carmelitas).

La colaboración entre el Régimen y la Iglesia católica fue recíproca, pues mientras el primero ofreció una situación privilegiada a la religión concediéndole un marcado protagonismo, esta prestó a Franco un apoyo incondicional, a la que convirtió en la «guardiana de la moralidad».

La Iglesia se ocupó de acabar con los «excesos» y el «libertinaje» de la etapa republicana transmitiendo, o mejor, imponiendo a la sociedad la «decente moral católica» que debía reinar en la nueva España. En esta ardua tarea tendría una labor importante la mujer, ya que, como madre[56], debía educar a sus hijos en el camino de la fe y de las buenas costumbres.

Gracias a los privilegios que Franco concedió a la Iglesia, esta institución pudo ejercer una represión directa. Basta con recordar las fotografías que nos han llegado de sacerdotes con fusil en mano. Pero la represión que protagonizaron los eclesiásticos fue mucho más allá.

Mayor trauma social a corto y largo plazo causaría otro tipo de represión más silenciosa, pero no por ello menos dañina. Durante el franquismo en especial, aunque también en otras épocas, incluso en la actualidad, la Iglesia pretende convertir en «hereje» todo lo que se sale de su norma. Al tener un papel preeminente en la dictadura, consiguieron monopolizar una de las principales herramientas para controlar al pueblo: la educación.

---

56. Recordemos que para la dictadura toda «buena mujer» debía casarse y procrear. La que no contribuía con tal misión patriótica, a excepción de las monjas casadas con Dios, quedaba estigmatizada.

Los curas copaban casi todas las escuelas de este país. En esas aulas en las que en el resto de Europa se apuntaba hacia el progreso, en la «Una, Grande y Libre» España no dejaba de hablarse del gen comunista y de los valores que el buen español debía tener. Las escuelas no eran un espacio de aprendizaje, sino de adoctrinamiento, fábricas de pequeños franquistas que debían interiorizar los valores de la dictadura. Se estaba creando un ejército de futuros espías del Régimen.

Una de las principales armas de la Iglesia fue el *Catecismo patriótico español*, manual de texto escrito por el obispo Albino González Menéndez-Reigada. El 1 de marzo de 1939, todavía con la contienda abierta, el Ministerio de Educación Nacional lo declaró libro de texto de uso obligatorio en todas las escuelas españolas. Menéndez-Reigada optó por el modelo pregunta-respuesta, un formato fácil y efectivo para expandir la intolerante, reprimida y represora moral cristianísima de la nueva España. Adjuntamos a continuación algunos ejemplos del contenido de la obra para que el lector pueda acercarse sin intermediarios al carácter que desbordaba la Iglesia.

> -¿Tenemos algún deber para con la Patria?
> -Para con la Patria tenemos deberes sagrados, no sólo de orden político, sino también de orden moral y religioso.[57]
>
> -¿Y cómo debemos defender a la Patria?
> -Debemos defender a la Patria, aun con riesgo de nuestra vida, contra todos sus enemigos, exteriores o interiores, que atenten de alguna manera contra su independencia, su integridad, su honor, sus derechos o sus legítimos representantes.[58]
>
> -Pues, ¿cómo se ha formado el espíritu del pueblo español?
> -El espíritu del pueblo español se ha formado en los amplios moldes del catolicismo, con los ideales supremos de una catolicidad imperial, que es la que ha civilizado al mundo.[59]

---

57. GONZÁLEZ MENÉNDEZ-REIGADA, Albino: *Catecismo Patriótico Español*. Salamanca, Ministerio de Educación Nacional, 1939, p. 4.
58. *Ibidem*, pp. 5-6.
59. *Ibidem*, p. 9.

-¿Juega el catolicismo un papel muy importante en la formación y desarrollo del pueblo español?
-El catolicismo juega un papel importantísimo en la formación y desarrollo del pueblo español, viniendo a ser como la fuerza engendradora de todas sus empresas, alma de su alma y espíritu de su espíritu.[60]

-¿Y en qué consiste el bolchevismo?
-El bolchevismo consiste en un comunismo materialista férreo, en que se suprime toda espiritualidad, toda religión positiva, toda propiedad individual, toda institución familiar, quitándole al hombre todo derecho sobre sus propios hijos, todo derecho a disponer de sí y hasta a pensar por cuenta propia, es decir, convirtiéndole más que en esclavo en bestia o en máquina, a la que se engrasa o se alimenta únicamente a fin de que pueda seguir trabajando por y para el Estado, dónde, cómo y cuándo se le ordene.[61]

-¿Y hubiera podido caer España en el bolchevismo?
-España hubiera caído indefectiblemente en el bolchevismo de no haberse producido la reacción salvadora del 18 de Julio de 1936...[62]

-¿Qué elementos se sumaron desde el principio a la conspiración primero y a la legítima sublevación después?
-Desde el principio se sumaron a la sublevación todos los elementos católicos y patriotas con que contaba España [...] que de manera providencial encontraron en Franco su cabeza y su Caudillo.[63]

-¿Cuáles son las notas o caracteres de España?
-España por sus notas es: Una, Grande, Libre, católica, imperial y madre de veinte naciones.[64]

-¿Por qué es España católica?
-España es católica porque el Catolicismo es la Verdad, fuente de toda justicia y de toda civilización verdadera, y bajo la égida del Catolicismo y a su impulso realizó siempre en la historia sus empresas más gloriosas.[65]

60. *Ibidem*, p. 10.
61. *Ibidem*, pp. 25-26.
62. *Ibidem*, p. 27.
63. *Ibidem*, p. 27.
64. *Ibidem*, p. 30.
65. *Ibidem*, p. 33.

-¿Es totalitario el Estado español?
-El Estado español es totalitario, si se entiende rectamente esta palabra.
-¿Pues qué quiere decir Estado totalitario?
-Estado totalitario quiere decir que en el Estado se hallan concentrados todos los poderes de la nación, que él debe intervenir en todas las manifestaciones de la vida social y colectiva y a él de alguna manera se han de someter todas las actividades humanas.[66]

-¿Y cuál de estas formas ha adoptado el Estado español?
-El Estado español ha adoptado la forma de Estado totalitario cristiano, porque esa es la que conviene a la estructura y a la tradición de la Nación española, la que prescriben los dictados de la recta razón y la única que puede conducir a la prosperidad de la Patria y al bienestar de la sociedad y de los individuos.[67]

-¿Cuáles son, pues, las funciones propias del Estado totalitario cristiano en orden a los fines sociales?
-Las funciones propias del Estado totalitario cristiano en orden a los fines sociales, son tres: corregir lo que esté desordenado, suplir lo que falte y perfeccionar lo que se pueda. [68]

-¿Cuáles son los enemigos de España?
-Los enemigos de España son siete: el liberalismo, la democracia, el judaísmo, la masonería, el capitalismo, el marxismo y el separatismo.[69]

-¿Y han quedado vencidos esos enemigos con la gran Cruzada?
-Con la gran Cruzada esos enemigos han quedado vencidos, pero no aniquilados; y ahora, como sabandijas ponzoñosas, escóndense en mechinales inmundos para seguir desde las sombras arrojando su baba y envenenando el ambiente, o atraer incautos con ayes lastimeros y cantos de sirena...[70]

-¿Y qué debe hacer España en este caso?
-España en este caso no debe dormirse sobre los laureles, sino vigilar siempre, a fin de que no vuelva a ser infiel a Dios ni a sí misma ni a lo que la sangre de sus mártires reclama.[71]

66. *Ibidem*, pp. 44-45.
67. *Ibidem*, p. 47.
68. *Ibidem*, p. 47.
69. *Ibidem*, p. 55.
70. *Ibidem*, p. 58.
71. *Ibidem*, p. 59.

Como vemos, Franco sabía lo que hacía al conceder el monopolio de la educación a la Iglesia, la cual tomaría un papel activo y trascendental en la represión ejercida durante toda la dictadura. Por suerte, no todos los niños tomaron aquel discurso como cierto, pero de algún modo, las palabras de odio e intolerancia que salían de la boca de curas tanto en escuelas como en iglesias han marcado, sin duda, el imaginario colectivo español. Este, en la actualidad, afortunadamente, cada vez está más limpio de esa suciedad, pero todavía queda mucho trabajo por hacer.

En la sociedad franquista no se hablaba de homosexualidad (de lo que no se habla, se supone que no existe), sin embargo, la Iglesia sí tuvo que tenerla presente en su discurso. Fue este su instrumento represor más eficiente. En sermones, catequesis y demás cauces demagógicos la homosexualidad estuvo siempre presente. No se hablaba de sarasas, pero siempre se hacía referencia a esos comportamientos alejados del buen católico, comportamientos y vicios desviados que debían ser condenados y corregidos (legislación y psiquiatría respectivamente).

¿Cuántos niños y niñas, hoy adultos, crecieron escuchando ese reaccionario discurso? A veces, los investigadores se centran en cuantificar la represión a través del número de fusilados, pero, desde luego, los discursos, las ideas son, sin duda, una represión incluso de mayor alcance que cualquier bala. Cuando en la actualidad un homosexual se suicida o una mujer es asesinada por su marido, se nos olvida mirar al pasado, se nos olvida apuntar a aquel discurso que todavía tenemos que limpiar de nuestra mentalidad comunitaria.

De este modo, y gracias a los medios y la cobertura que ofreció Franco, la Iglesia extendió su férrea y teórica moral hasta el último rincón de la España profunda. La mayor parte de la ciudadanía, bien por conveniencia o por convicción, interiorizó el mensaje católico convirtiéndose así en una extensión de la Iglesia.

Cabe recordar que cuanto mayor es el índice de analfabetismo de una colectividad más maleable e influenciable se vuelve, motivo que explica parcialmente esa «catolización» activa de la sociedad, ya que la tasa de analfabetismo de la población masculina en 1940 era de en torno el 46 % y la femenina del 52 %.[72]

No es un hecho casual que en el medio rural, donde el analfabetismo era mayor, tuviera mejor acogida y calado el mensaje católico. Se entiende así que el homosexual intentara abandonar su pueblo dejando atrás el control social y buscara el anonimato y la mayor relajación moral de las grandes ciudades.

Durante la posguerra, el principal objetivo de los sublevados era exterminar todo elemento político «contagiado por el gen comunista de Moscú», es decir, las disidencias políticas.

Se confió a la Iglesia la labor de perseguir y acabar con los sujetos cuyas pautas de comportamiento no encajaran con la buena moral. Los no heterosexuales fueron así el blanco de los católicos y, por ende, de la sociedad. Lo cierto es que no debieron de desempeñar mal su función, puesto que hasta 1954 Franco no se decidió a penar explícitamente al homosexual.

La Iglesia y la sociedad fueron el tercer pilar que, junto con la psiquiatría y la legislación, interactuaron en un entramado represivo contra la disidencia sexual. Si estos dos últimos se encargaron, sobre todo, aunque no exclusivamente, del homosexual masculino, la religión y la fuerza social se centraron en la mujer.

Pero ¿cómo podía reprimir la Iglesia? Imponiendo un modelo de comportamiento basado en las «buenas costumbres» que penetraba incluso en el ámbito privado. La persona que no interiorizó el mensaje y transgredió las leyes morales quedó condenada y estigmatizada. En este punto la población tuvo un papel decisivo como vigilante y delatora. Francisco García Alted, capitán de la Guardia Civil y posterior gobernador civil de Málaga, describía ya en 1937 la labor que tendría la sociedad civil:

---

72. VILLANOVA RIBAS, Mercedes y MORENO JULIÁ, Xavier: *Atlas de la evolución del analfabetismo en España de 1887 a 1981*. Madrid, Ministerio de Educación y Ciencia, 1992, p. 299.

> Hay que mejorar las costumbres. Vigilantes permanentes de la moral y de las buenas costumbres y con todo el celo evitarán y corregirán los actos de escándalo, impúdicos, obscenos, blasfemia y palabras repugnantes, denunciando en el acto los hechos y los autores para poder sancionar a aquellos por parte de las Autoridades respectivas.

Un aspecto común en la mayoría de los testimonios de homosexuales que relatan cómo fueron reprimidos es la existencia de un conocido, vecino e incluso amigo que denunció la «desviación» sexual. Hay que tener en cuenta que estas delaciones o, coloquialmente hablando, chivatazos, podían ser motivados tanto por rencillas personales con el individuo, como por creer en realidad que el homosexual suponía un peligro social y también, en muchos casos, para ganarse favores del Régimen.

Un ejemplo de este modo de operar es el del valenciano Francesc Oliver, quien en 1971, tras tener una relación con un hombre, fue delatado por un anónimo y encarcelado en la Modelo de Valencia. No sospechó quién pudo haber sido el denunciante.

Rampova, nombre artístico de Oliver, no solo es un caso práctico de un detenido por chivatazo previo, también lo es por las vejaciones que sufrió. En prisión tuvo que soportar electrochoques y violaciones, práctica que, según los testimonios, fue habitual en el pabellón de invertidos.

Otro testimonio que, además de probar la importancia del papel coactivo de la sociedad, contiene un componente religioso en la delación es el del ya aludido Antoni Ruiz. En su caso el delator no es anónimo, sino una monja amiga de la familia. Medio año después de la muerte de Franco, le reveló a su madre que era homosexual. La mujer, con las nefandas ideas que corrían en la época sobre el «bujarrón», se lo confesó asustada a su hermana y esta acabó diciéndoselo a una monja legionaria de la Virgen de los Desamparados. La religiosa tardó poco en delatar el caso a la Policía y menos se demoró esta en encerrarlo en el calabozo.

Antoni Ruiz y sus amigos en 1976.
Foto cedida por cortesía de Antoni Ruiz, presidente de la Asociación de Ex-Presos Sociales.

El caso de Antoni Ruiz, a diferencia del de Rampova, sí se ajusta a la forma teórica en que debían ser tratados los homosexuales según la LPRS y las medidas de seguridad que esta imponía. Fue encarcelado en la prisión de Badajoz y cuando cumplió con la condena no pudo volver a residir en Xirivella, su pueblo.[73]

La función de la población en la represión del homosexual fue, por tanto, un elemento imprescindible. Interiorizado el mensaje católico, la sociedad coactiva a través de sus delaciones permitió que la legislación, con la justificación médica, tuviera sujetos que condenar.

Los explicitados son solo dos de los muchos ejemplos existentes de represaliados delatados por alguien de su entorno. En el caso de las lesbianas no contamos con ningún caso práctico con delación, ya que era más difícil inducir su condición sexual por las pautas de comportamiento dadas entre mujeres, siempre con una relación corporal o física más cercana que la establecida entre hombres.

---

73. ARNALTE, *Redada de...*, *op. cit.*, pp. 145-150. y RUIZ MANTILLA, Jesús: «Humillados por...», *op. cit.*

La Iglesia despeñó un papel imprescindible en la creación de todo un cuerpo social de delatores. No de forma casual la Fiscalía del Tribunal Supremo calificó a la Iglesia como «uno de los valores espirituales más importantes de la Comunidad Nacional».[74]

Incluso la Iglesia se entendió con una ciencia como es la psiquiatría para confabular en la discursiva en torno a la represión del no heterosexual.

Analizando los escritos de Vallejo Nágera[75] o López Ibor[76], si bien hacen referencias, entre otros, a causas hereditarias que la religión rechazaría, sí se aprecia un especial cuidado en no contradecir la doctrina católica. La lucha teórica tradicional entre psiquiatría y religión desaparece a favor de un mismo cruento objetivo.

En países como Francia, Alemania o Reino Unido, la psiquiatría había desplazado a un segundo plano a la Iglesia en la condena del homosexual, mientras que en España, durante el franquismo, todavía los eclesiásticos seguían teniendo un papel protagonista.

No obstante, aunque la Iglesia desempeñó un papel indiscutible en la dictadura, no siempre tuvo el mismo peso. Por ejemplo, tras la derrota fascista en la Segunda Guerra Mundial, Franco remarcó el carácter católico del Régimen para distanciarse de los fascistas derrotados. Con su papel frente al homosexual ocurre lo mismo, siempre estuvo presente en su condena, pero al final de este periodo se observa que tanto juristas como psiquiatras dan primacía a factores de índole no moral.

Un ejemplo es la conclusión a la que llega el ya citado Miguel Miravet, quien defiende el deber de preservar a los jóvenes del peligro del homosexual «pero no por razones morales, sino por motivos fundamentalmente de economía sexual».[77] El fiscal con este último concepto, «economía sexual», se refiere, como él

74. MONFERRER, *Identidad y…*, *op. cit.*, p. 56.
75. VALLEJO, *Lecciones de…*, *op. cit.*
76. LÓPEZ IBOR, Juan J.: *Rebeldes*. Madrid, Rialp, 1969.
77. MIRAVET, *Homosexualidad, peligrosidad…*, *op. cit.*, p. 297.

mismo explica, a la mayor satisfacción obtenida de relaciones sexuales con personas del sexo opuesto. En definitiva, se aprecia una laicización en la represión sexual durante los últimos compases de la dictadura.

El no heterosexual pasó de delincuente a peligroso social por su supuesta enfermedad contagiosa. Pero hay un atributo que nunca varió; el de pecador. Terminando con una ucronía podemos afirmar que si la Iglesia no hubiera puesto tanto empeño en implantar en la amedrentada sociedad la férrea y teórica moral católica, la vida del homosexual en el franquismo no hubiera estado tan marcada por la tragedia.

4. ¿Represión sexual, dominación social?

«Hay que ser un héroe para enfrentarse
a la moralidad de la época».
MICHEL FOUCAULT

En este apartado vamos a cuestionar y desmitificar algunas de las muchas ideas que, sin estar apoyadas en una base científica, esto es, en una investigación previa, se han establecido como verdades absolutas o, si se quiere, como dogmas historiográficos. Estas expandidas ideas no contrastadas que han adquirido la categoría de realidades sirven todavía para justificar la falta de investigaciones sobre determinadas materias.

Para llevar a cabo nuestro objetivo de la desmitificación recurriremos a lo que son, junto con la cronología, la columna vertebral del historiador: las fuentes. Para el primer subapartado que sigue a continuación hemos analizado una valiosa fuente[78], el estudio sobre la sexualidad femenina de Serrano Vicéns. En el segundo y último punto, nos apoyaremos en expedientes penitenciarios, sentencias judiciales y testimonios

78. El motivo de la importancia de la misma se halla en su excepcionalidad.

orales. Las conclusiones obtenidas del análisis crítico de dichas fuentes nos permitirán refutar varios «mitos» y, lo que es más importante, pondrá de manifiesto las rémoras y fracasos del entramado represivo que hemos expuesto en el primer bloque de este ensayo.

4.1. La sexualidad femenina: Serrano Vicéns

> «Las mujeres nunca descubren nada, les falta el talento creador, reservado por Dios para inteligencias varoniles, nosotras no podemos hacer más que interpretar mejor o peor lo que los hombres nos dan hecho».
>
> Pilar Primo de Rivera

La obra del médico zaragozano Ramón Serrano Vicéns, *La sexualidad femenina*, debería haberse convertido en una obligada referencia en los estudios sobre sexualidad en la España del siglo xx. Comenzó la investigación que dio fruto a su obra en los primeros años de la década de los cuarenta y, como él mismo afirma en la introducción, la concluyó en 1961.[79] Durante esos años entrevistó a un grupo de mujeres españolas[80] con el fin «de aclarar, lo más fielmente posible, el problema de la actividad sexual femenina».[81] Serrano Vicéns pretendía mostrar la realidad sexual de la mujer, aunque ello implicara acabar con algunas creencias de la época.

---

79. SERRANO VICÉNS, Ramón: *La sexualidad femenina. Una investigación estadística y psíquica directa*. Madrid, Ediciones Júcar, 1975, p. 28.

80. La procedencia de las mismas era variada, aunque en su mayoría pertenecían al interior peninsular, principalmente de Zaragoza, Guadalajara, Huesca, Valencia, Soria, Logroño, Madrid y Lérida.

81. *Ibidem*, p. 21.

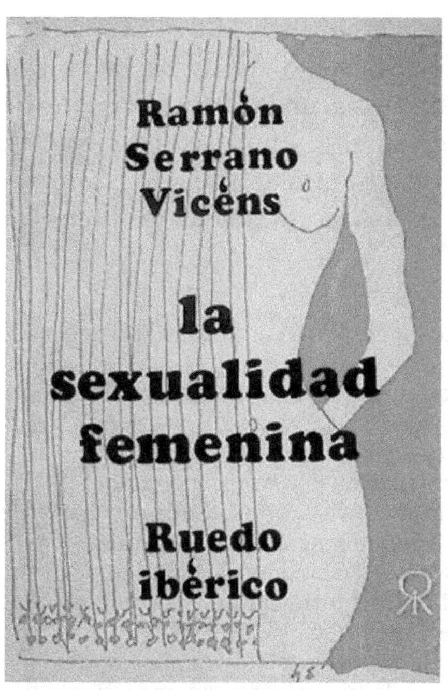

La sexualidad femenina, de Ramón Serrano Vicéns (1972).

Para conocer las prácticas sexuales femeninas entrevistó directamente a 1417 mujeres[82], todas ellas eran sus pacientes, entre las cuales estableció una división según su nivel económico y cultural. Un primer grupo estaba formado por 104 mujeres de la «alta sociedad» con una «excelente cultura». Otro comprendía 147 de clase media en las que eran «frecuentes estudios universitarios y un ambiente culto». Un tercer grupo de 287 de familias más modestas que las anteriores, pero con «una cultura superior a la elemental». Finalmente, el grupo más numeroso con 879 mujeres pertenecientes a la «clase obrera no especializada» con escasa instrucción, encontrándose entre ellas alguna analfabeta.[83]

82. De las cuales 347 eran solteras, 995 casadas, 71 viudas y 4 religiosas.
83. *Ibidem*, pp. 25-26.

Gran parte de los investigadores se centran en los resultados del estudio de Serrano Vicéns, dando escasa o nula importancia al contexto y las condiciones en las que fueron realizadas las entrevistas. Por ello, y porque creemos que no se pueden entender las conclusiones del médico si se pasa por alto dicho factor, conviene explicar las condiciones que él mismo enumera en su obra:

> 1. Conversación llevada a cabo sin la presencia de una tercera persona.
> 2. Hacer comprender hábilmente a la interrogada que este interrogatorio va encaminado a su mejor conocimiento psicosomático y en su propio interés.
> 3. Plena confianza en el secreto médico.
> 4. Conseguir la convicción profunda por parte de la interrogada de que sus respuestas carecen para el investigador de cualquier desvalorización moral hacia su persona.
> 5. Hacer el interrogatorio, durante la conversación, de la forma más amable y comprensiva.
> 6. Emplear en las preguntas y explicaciones un vocabulario adecuado en cada caso a la formación cultural de la investigada que, siendo claramente comprendidas, no ofendan su pudor verbal.
> 7. Suscitar en la interrogada el deseo de interrogar sobre aquellas cuestiones que le hayan preocupado y que hasta entonces no haya podido exponer con absoluta libertad.
> 8. Interrogar sistemáticamente a todas las mujeres, sin previa elección, siempre que sea posible ajustarse a estas bases, ya que, de otra forma, los interrogatorios sólo conducirán a un resultado parcial del problema.
> 9. Hacerles sentir un mejor concepto de sí mismas para así conseguir mayor espontaneidad.
> 10. Mientras sea posible, repetir total o parcialmente las preguntas, pasado algún tiempo, para comprobar la exactitud de los datos emitidos.[84]

Enunciadas las características del estudio, podemos proceder a la realización de una comparación con el estudio del estadounidense Alfred Kinsey, nombre citado siempre que se habla de Serrano Vicéns, ya que llevó a cabo en Estados Uni-

---

84. *Ibidem*, pp. 22–23.

dos dos investigaciones sobre sexualidad masculina y femenina, ambas publicadas antes que las del español, pero iniciadas con posterioridad.

Aunque Vicéns y Kinsey llevaron a cabo investigaciones similares, es importante señalar las considerables diferencias entre los dos, puesto que las mismas condicionan el valor de los resultados obtenidos. La disimilitud más visible es la cuantitativa, pues Kinsey basó sus conclusiones en 5490 entrevistadas frente a las 1417 del español. Por otro lado, pese a tener una muestra menor, es lícito señalar que Serrano Vicéns no contó con ayudantes en la realización del estudio, mientras que Kinsey contrató a dos becarios para que realizaran entrevistas.

Pese a ser cuantitativamente menor la muestra del español, este partía con la ventaja de tener una relación directa con las entrevistadas, las cuales podrían responder con mayor sinceridad al sentirse en un ambiente de confianza. Kinsey y sus ayudantes no tenían relación alguna con las mujeres.

Otra de las diferencias más reseñables es la elección de la muestra. Mientras el estadounidense homogeneizó el grupo entrevistado con mujeres blancas y de clase media, Serrano Vicéns no estableció criterio alguno, obteniendo así unos resultados más iluminadores.

De este modo, estableció que el porcentaje de las prácticas homosexuales realizadas antes de la pubertad por mujeres del primer grupo, es decir, el de alto nivel económico y cultural, era del 2,4 %, mientras que las del cuarto grupo, obreras no especializadas, del 9,8 %. Los resultados son reveladores, pues establecen que un mayor nivel cultural de una persona no supone una mayor emancipación de los prejuicios sociales. Hay que tener en cuenta que las mujeres de clase alta que iban a la escuela y alcanzaban cierto nivel intelectual, sufrían del mismo modo un mayor adoctrinamiento, al estar el sistema educativo al servicio del nacionalcatolicismo.

Siguiendo con la comparación de los estudios de Kinsey y Serrano Vicéns, incluso la formulación de las preguntas varía, pues las del español estaban adaptadas al nivel cultural de la entrevistada (punto seis de la lista) y tenían en cuenta la experiencia y caso concreto de la entrevistada (punto siete). La plantilla de cuestiones de Kinsey era homogénea, siempre realizaban las mismas.

Lo que sin duda es una ventaja en el estudio de Serrano Vicéns es la posibilidad de corroborar tiempo después las respuestas ofrecidas por las mujeres al seguir teniendo contacto con ellas.

En definitiva, lo que hemos pretendido mostrar al comparar *grosso modo* la investigación de Kinsey y de Serrano Vicéns es que, pese a estudiar la sexualidad a partir de entrevistas, las diferencias entre ambas pesan lo suficiente como para no establecer una mera similitud entre ellas sin matización alguna.

El español en su investigación se centró en una serie de aspectos concretos como la masturbación femenina, las «caricias premaritales heterosexuales», el coito preconyugal, matrimonial y extraconyugal y, por último, lo que aquí más nos atañe, las prácticas homosexuales. El 35,8 % de las mujeres entrevistadas habían tenido alguna experiencia homosexual y, según el investigador, «un tanto por ciento elevado no sentían remordimiento alguno por sus experiencias ni comprendía que se les diera tanta importancia moral...».[85] El 56 % había tenido relaciones con una sola mujer, mientras que el 44 % restante con varias. Un elevado porcentaje, que alcanza el 80 %, tuvieron el deseo de practicar actos homosexuales un mayor número de veces[86], sin embargo, no se atrevieron a dar el primer paso pese a saber que no serían rechazadas «ya que la coerción social era tan intensa que les reprimía».[87]

Con estos porcentajes, Serrano Vicéns mostró que la práctica de «homosexualismo» entre mujeres era bastante mayor de lo pronosticado y de lo que a Franco le hubiera gustado.

85. SERRANO, *La Sexualidad... op. cit.*, p. 79.

86. *Ibidem*, pp. 81–83.

87. *Ibidem*, p. 79. Una vez más, queda patente la importancia de la sociedad en la represión.

Pero no solo contribuyó a base de números y porcentajes a la desmitificación del lesbianismo, también con los alegatos que lanzó negando, por ejemplo, que las homosexuales estuvieran «masculinizadas». En sus propias palabras:

> Debo salir al paso de la falsa creencia de que las mujeres que se entregan al goce homosexual, presentan ordinariamente una morfología o un psiquismo viriloide...[88]

Un error extendido es la afirmación de que la obra de Serrano Vicéns muestra un alto porcentaje de mujeres homosexuales. Como él mismo defendió, el porcentaje de «invertidas absolutas» es muy escaso, por ello, sería más acertado emplear un concepto que sustituya al de «lesbiana», como es el caso de mujeres bisexuales o, simplemente, no heterosexuales, como preferimos en este ensayo por ser un término que refleja con más fidelidad la realidad sexual.

Para concluir, los insólitos resultados de la obra de Serrano Vicéns revelan que el sistema represivo franquista no tuvo el éxito esperado en su lucha contra la «inversión sexual» femenina.

4.2. Disidencias con nombre y apellidos

> «Mira el jilguero. No es nada:
> miedo y plumas.
> Sin embargo, escondido entre las ramas,
> puede hacer que cante un árbol».
> José Mateos

En este apartado nos ocupamos de mostrar algunas disidencias sexuales, tanto femeninas como masculinas, centrándonos esta vez en personas concretas cuyas vidas son rastreables.

88. *Ibidem*, p. 78.

Para la realización del objetivo propuesto nos hemos basado en expedientes penitenciarios, sentencias judiciales y testimonios orales.

Comenzamos con el caso de Dolores Zafra Capilla, más conocida como la Estraperlista, sobra explicar el motivo del sobrenombre. A partir del informe de conducta realizado por el comandante de la Guardia Civil del pueblo de donde era natural Dolores, Montilla (Córdoba), sabemos que la mujer era «de una moral muy baja y muy viciosa» con «amantes de ambos sexos».[89]

Además de tener esa «baja moral» se la relacionaba con los «rojos» y muy estrechamente con otra estraperlista, Encarnita Murcia Ríos, con la que practicó «actos deshonestos», como confirmó una testigo. Pura Sánchez, licenciada en Filología Hispánica, se ha encargado de estudiar el caso y el expediente[90] de Dolores Zafra, quien, finalmente, no fue condenada.

Dando un salto espacial y cronológico nos situamos en la Barcelona de 1968, cuando María Elena N. G. es detenida por «no poder pasar con éxito por un hombre», como indica Lucas Platero[91] basándose en el expediente, fechado en 30 de marzo de dicho año.

Tras ser condenada por la LVM, la mujer fue traslada de Barcelona al Patronato de Sección de la Mujer de la Junta Provincial de Madrid, en donde se señaló su contagiosidad, su tendencia a la perversión y, en definitiva, su peligrosidad. Es decir, fue sometida al mismo sistema represivo que los hombres homosexuales. Cabe destacar que el caso de María Elena es peculiar, pues no tendría cabida dentro de lo lésbico o lo no heterosexual, sino de lo trans, es decir, rompe con la norma sexual y también con la de género.

---

89. SÁNCHEZ, Pura: «Individuas de dudosa moral» en OSBORNE, *Mujeres bajo...*, *op. cit.*, p. 110.

90. Archivo del Tribunal Militar Territorial 2.º de Sevilla, Legajo 340/5269, 1944, Córdoba, citado por SÁNCHEZ: «Individuas de...», *op. cit.*, p. 110.

91. PLATERO MÉNDEZ, Lucas: «Ejercicios de memoria histórica: Cuerpos sexuados y franquismo». *Seminario Mujeres, lesbianismo, normalización y estudios Queer*, Centro de Estudios Andaluces, 2010.

Por tener una mayor distancia cronológica y por las particularidades de los casos anteriores, hemos preferido centrarnos en el caso de dos mujeres lesbianas, o que por lo menos realizaron actos homosexuales, sentenciadas el 12 de abril de 1954.

Las procesadas, dos presas de la cárcel de mujeres de Barcelona, C. H. H. y J. F. S.[92], ambas solteras y de profesión «sus labores»[93], de veintiocho y veintitrés años respectivamente, fueron acusadas en 1951 por «escándalo público y atentado» ante sus «actos de inversión sexual con conocimiento de las demás reclusas y natural y grave escándalo entre ellas».[94]

La mayor de las mujeres, C. H. H., fue llevada a la celda de castigo por ser considerada «la promotora» de los actos. Además, según relata la sentencia, la procesada «acometió» contra «la hermana sor M. C. de la Orden de las Carmelitas Terciarias, afecta a la prisión e investida del carácter de agente de Autoridad por los reglamentos vigentes», golpeándola «con un cinturón y una de sus zapatillas, hasta que pudo ser reducida».

La sentencia «criminal» condenó a ambas «como autoras de un delito de escándalo público a la pena de cuatro meses y un día de arresto mayor, con las accesorias de suspensión de todo cargo público, profesión u oficio y derecho de sufragio durante el tiempo de la condena, en cuanto sean compatibles con su sexo, y multa de cinco mil pesetas, con arresto sustitutorio en caso de impago [...] y a la procesada C. H. H. como autora de un delito de atentado, a la pena de cuatro años, dos meses y un día de prisión menor...».

---

92. La primera de origen malagueño, aunque residente en Barcelona, y la segunda originaria y residente en esta última ciudad.

93. Expresión claramente machista que perduraría incluso bien entrada la democracia.

94. Sentencia criminal de 12 de abril de 1954, Archivo del Tribunal Superior de Justicia de Cataluña, libro de sentencias de 1954, sec. 1, tomo 1, citado por BEDOYA, Víctor: *Mecanismos represivos contra los homosexuales en la Barcelona franquista*, p. 20 (disponible en: http://www.ahistcon.org/docs/Santiago/pdfs/s4b.pdf).

Como prueba la sentencia, y aunque el número de casos sea reducido, sí se condenaron por ley prácticas homosexuales entre mujeres.

Sobre relaciones sexuales y sentimentales entre mujeres encarceladas tenemos múltiples testimonios[95], como el de la feminista y comunista Soledad Real, quien pese a no realizar tales prácticas, sí fue testigo de ellas en la prisión de Málaga, donde fue traslada en 1946. Soledad afirma que la homosexualidad estaba muy extendida en la cárcel de Málaga.[96] Su testimonio nos acerca a la realidad de las encarceladas que mantenían relaciones con otras mujeres, una realidad marcada por el estigma de las presas políticas, las cuales evitaron tales prácticas para diferenciarse de las comunes. La principal causa de este rechazo por parte de las políticas venía motivado, según Soledad, por la posibilidad de que cayeran ante el chantaje de la dirección de la prisión y desvelaran información de las políticas.[97]

El testimonio de Soledad Real coincide con el de la militante comunista Tomasa Cuevas, quien incluso afirma que las presas políticas denunciaron a las comunes por «invertidas», aunque de poco sirvió, pues, como defiende, también entre las funcionarias estaba extendido el «homosexualismo».[98] Habla además de una relación entre dos mujeres de la cárcel de Le Corts en 1941 que supuestamente contaba con la «complicidad» de la jefa de la sala.[99]

Basta con leer sus palabras para comprobar la «repulsa» que sentían hacia el lesbianismo:

---

95. Hay que considerar que las condiciones de vida en prisión quedan condicionadas por la falta de libertad. Muchas de las mujeres que realizaron actos homosexuales en prisión probablemente no los hubieran llevado a cabo fuera de ella al contar con presencia masculina.

96. HERNÁNDEZ HOLGADO, Fernando: *Soledad Real* (1917). Madrid, Ediciones del Orto, 2001, p. 44.

97. *Ibidem.*

98. HERNÁNDEZ HOLGADO, Fernando: *La prisión militante: las cárceles franquistas de mujeres de Barcelona y Madrid* (1939-1945). Tesis doctoral, UCM, 2011, pp. 753-959.

99. *Ibidem.*

... eran tan inmorales que incluso había invertidas, llegaban a un descaro que nos vimos obligadas a denunciar algunos casos en la oficina...[100]

Siguiendo con los testimonios orales, pero esta vez no de presas, sino de dos mujeres catalanas que burlaron la represión, pasamos a hablar de Galli y Tina[101], dos lesbianas nacidas en 1926 y 1930 respectivamente que mantuvieron una relación sentimental estable desde su adolescencia. La socióloga Matilde Albarracín se ha encargado de recoger los testimonios reconstruyendo las tácticas de estas lesbianas para no ser descubiertas.[102]

Acampada de lesbianas en Barcelona en la década de 1950.
Archivo de Matilde Albarracín.

Otro caso similar es el de dos lesbianas gitanas que, tras huir del ambiente rural y de la presión de sus familias, pudieron

100. OSBORNE, Raquel: «La sexualidad como frontera entre presas políticas y presas comunes bajo y el franquismo», *Política y Sociedad*, vol. 46, n.º 1 y 2, 2009, pp. 57-77.

101. Nombres supuestos dados por Matilde Albarracín.

102. Para más información sobre el caso concreto de Galli y Tina ver: ALBARRACÍN, Matilde: «Identidad(es) lésbic(s) en el primer franquismo», en OSBORNE, *Mujeres bajo... op. cit.*, pp. 69-87.

establecer una relación sentimental sin ser delatadas.[103] Estas, a diferencia de Tina y Galli, no mantuvieron contacto con otras lesbianas.[104]

Estos testimonios orales no hacen sino confirmar que la represión, sobre todo el pilar de la Iglesia y la sociedad, no fue tan exitosa como parecía.[105]

El propio Régimen dejó una fuente escrita que permite también afirmar que la práctica de la homosexualidad estaba más extendida de lo que les hubiera gustado. Así, tenemos un informe de 1956 del Juzgado para la aplicación de la Ley de Vagos y Maleantes en Cataluña y Baleares que en torno al caso de un joven expresa:

> ... está considerado en su vecindad como persona homosexual en exceso [...] es sujeto de mala conducta moral, que carece de trabajo honesto conocido [...] en el piso se celebran reuniones de invertidos...[106]

Y, finalmente, la sentencia determina:

> ... al apreciarse su condición de sujeto homosexual productor de hechos que ofenden a la sana moral del país...[107]

Será sancionado con:

> ... internamiento no inferior a tres meses ni superior a un año, prohibición de residencia en su localidad durante dos años y sumisión a vigilancia de los delegados por otros dos años.

---

103. BERNÁ, David: «Un golpe de estado y dos billetes de autobús. Mujeres gitanas, sexo y amor en la dictadura franquista», en OSBORNE, *Mujeres bajo... op. cit.*, pp. 89-102.

104. Por cuestiones de espacio, así como por la propia naturaleza bibliográfica de este ensayo, no entramos en detalles de la vida de los testimonios.

105. Más ejemplos testimoniales de mujeres no heterosexuales se encuentran en la obra se Serrano Vicéns.

106. En: https://www.heraldo.es/noticias/nacional/2019/11/03/sentencias-del-franquismo-homosexual-en-exceso-o-invertido-incorregible-1341880.html (Consultada el 20/11/2019).

107. *Ibidem.*

También de 1956 es un informe de los juzgados especiales de Vagos y Maleantes del País Vasco. En el de la Jefatura de San Sebastián se condena a:

> ... internamiento en un establecimiento de trabajo por un tiempo no inferior a cuatro meses ni superior a un año, prohibición de residir en San Sebastián durante un año y sumisión un año a la Junta de Libertad Vigilada.[108]

La condena es similar a la del homosexual catalán, aunque en el caso del donostiarra se le acusa también de:

> ... explotación de homosexuales en cuyas tendencias de inversión participa [...] Realiza con otros actos de impudicia contra natura, es descarado y cínico confesando su vicio sin el menor recato.

En ocasiones, los propios agentes del orden eran homosexuales, aunque rara vez salía a la luz.[109] Un expediente de 1959 de los juzgados especiales de Vagos y Maleantes de Sevilla destaca por condenar a un municipal por sodomita:

> ... detenido por la policía con antecedentes desde 1940 que lo acreditan como homosexual, siendo sorprendido cometiendo actos inmorales cuando era Guardia Municipal en un urinario del Parque de Salamanca en unión con otros invertidos...[110]

También contamos con numerosas fuentes que nos permiten afirmar que muchas personas trans no estuvieron dispuestas a seguir las normas del dictador. Prefirieron sufrir constantes agresiones, pero llevar la vida que deseaban, aunque tan solo fuera durante unas horas. Hasta los años setenta ni la legislación

---

108. En: https://www.lavanguardia.com/vida/20191103/471350771742/sentencias-del-franquismo-homosexual-en-exceso-o-invertido-incorregible.html (Consultada el 20/11/2019).

109. Precisamente los que ocupaban puestos privilegiados en el franquismo, como policías, jueces, sacerdotes, obispos... fueron los que, con mayor libertad, pudieron complacer sus deseos sexuales, aun cuando estos fueran hacia personas del mismo género.

110. *Ibidem.*

ni la psiquiatría van a hacer distinción entre ser homosexual y trans. Este quedaba bajo la misma legalidad y represión que el homosexual. Contamos con casos transgénero penados desde los primeros pasos de la dictadura, ya que en los expedientes eran calificados como «invertidos con pechos».

Los individuos trans fueron objetivo fácil de la represión, puesto que eran detenidos únicamente por la ropa con la que decidían vestir. Por transgredir su género fue detenida A. M. a los 31 años de edad en la ciudad condal en diciembre de 1972. En palabras del atestado policial:

> Fue detenido el día 30 de diciembre de 1972 a las 23 horas cuando se hallaba en la calle Olmo, vestido de mujer, siendo conocido como invertido. Iba vestido con un jersey de cuello alto color negro, pechos simulados y sujetador, minifalda y botas altas de mujer, peluca rubia y larga, pendientes, bolso de mano propio de mujer y maquillaje, portando una chaqueta de imitación de cuero color marrón negro dando la sensación de ser una mujer.[111]

Pero A. M. tuvo suerte y consiguió librarse esta vez. No corrió la misma fortuna dos años después, cuando en 1975 fue nuevamente detenida. En esta ocasión tuvo que declarar ante el juez, Díez de la Lastra. El interrogatorio está incluido en el expediente que localizó Bedoya:

> Preguntando si es invertido dice que Sí [...]. Preguntando si se inyectó hormonas en alguna ocasión dice que Sí, en una ocasión. Preguntando dónde las compró dice que en la farmacia, con receta que le dio el doctor y aclara que se las pidió el declarante [...]. Preguntando que si sabe que está prohibida la homosexualidad dice que Sí [...].[112]

Fue condenada a una pena de seis a ocho meses de prisión, se le prohibió vivir en la ciudad condal al menos durante dos años y, además, el siguiente año estuvo sometida a libertad

111. BEDOYA, Víctor: «El franquismo contra las transexuales: expedientes policiales y judiciales», en OSBORNE, *Mujeres bajo...*, *op. cit.*, p. 167.

112. *Ibidem*, p. 168.

vigilada. A. M. acabó en la ya citada prisión de Badajoz, en la que, pese a tener un buen comportamiento, nunca dejó de ser considerada un peligro para la sociedad. A los seis meses, ya en 1976 y con el dictador muerto, A. M. salió en libertad.

En torno a 1975 se bifurca marcadamente el relato histórico entre homosexuales y trans, ya que será cuando, por fin, comprendan la realidad trans como un fenómeno diferenciado de la orientación sexual. Así lo refleja de manera práctica el caso de una mujer trans, J. M., detenida en Barcelona en 1974. El encargado de su defensa, Jorge Rowe, pidió un segundo informe médico sobre J. M. a los doctores Juan Masana y José María Farré, ambos pertenecientes a un departamento psiquiátrico del Hospital Clínico de Barcelona. A partir del documento que elaboraron, Rowe apeló al juez en estos términos:

> Se trata de un claro caso de transexualismo, diferente de la homosexualidad, a pesar de que se acostumbre a confundir con ella. El transexual, como indican dichos facultativos apoyándose en la opinión científica de eminentes autores, se distinguiría por el sentimiento, la conciencia irresistible de pertenecer al otro sexo, a despecho de sus órganos genitales. Al llegar a la pubertad puede aparecer una conducta homosexual que generalmente deja insatisfecho al paciente. Es por ello que el transexual no puede ser considerado un homosexual, siendo frecuente la conducta travestida. En el informe de los facultativos se indica que la patogenia de esta afección no está clara. Sobre la base de esta alteración, el condicionamiento precoz y ulterior tendrá un efecto de importancia máxima. Los facultativos concluyen su informe considerando totalmente inútil e inoperante, antes al contrario será un factor de degradación posterior de conducta con seguridad, el internar a este paciente en un centro de rehabilitación.[113]

Lo que pretendía Rowe era evitar que J. M. fuera ingresada en un centro de reeducación. No lo consiguió. El juez de Peligrosidad Social de Barcelona dictó sentencia enviándola un mínimo de seis meses a prisión. Pese a que Rowe apeló la sentencia, finalmente el tribunal de apelaciones de Madrid la confirmó en

113. *Ibidem*, p. 171.

1976. Por fin en abril de 1977, J. M. salió del centro de rehabilitación de Huelva, aunque todavía debía seguir cumpliendo condena: prohibición de reestablecer su residencia en Barcelona al menos durante dos años, más un tercero de libertad vigilada.

En 1978 la homosexualidad dejó de estar contenida en la LPRS[114], sin embargo, las personas trans fueron perseguidas hasta mediados de los ochenta por delito de escándalo público, como seguía ordenado por el Código Penal.

Los testimonios orales, así como las fuentes que castigaban al homosexual, no hacen sino poner de manifiesto que el sistema represivo franquista fracasó; que pese a las condenas, palizas y vejaciones, ni Franco ni sus cómplices iban a conseguir acabar con la diversidad sexual.

María Giralt en el pub Daniel's para lesbianas, Barcelona, década de los setenta.
Foto cedida por cortesía de María Giralt.

También algunos hombres y mujeres consiguieron burlar la represión enquistándose en su entorno como la otredad y quedando sometidos a una serie de estereotipos. Sus comportamientos afeminados o masculinizados fueron «naturalizados» desde lo burlesco.[115]

114. Esta estuvo vigente hasta mediados de los años noventa.
115. MIRA, *De Sodoma...*, *op. cit.*, pp. 302-304.

Hoy Domingo

suplemento especial

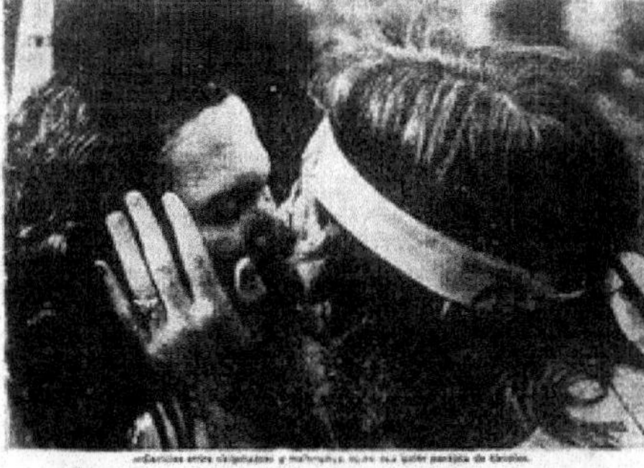

INFORME SOBRE UN DELICADO CONFLICTO

LOS HOMOSEXUALES

GAY: UNA PALABRA EQUIVOCA

UNA CONDENA UNANIME

"SALVEMOS NUESTROS HIJOS"

Una de cada diez personas siente atracción sexual por su mismo sexo

"No queremos que nos llamen marica, maricón, sarasa ni sodomita. Somos "gays""

UN PARAISO EN LA TIERRA

Periódido *El eco de Canarias.*
Obtenido de JABLE. Archivo de prensa digital de la ULPGC.
Accede al texto del periódico mediante este enlace:
https://jable.ulpgc.es/jable/el.eco.de.canarias/1977/07/24/0009.htm
O con este código QR:

Un espacio de libertad para los homosexuales fue el cine Carretas de Madrid. Testimonios como el de Antonio Garcés[116] recuerdan que entre aquellas paredes «faltaba el aliento, se vivía una fantasía sexual casi irreal».[117] Algunos cines fueron espacios en los que la represión franquista quedó eludida. Basándonos en las fuentes, hemos puesto de manifiesto la existencia de una amplia disidencia sexual, tanto de mujeres como de hombres, que fue capaz de burlar el sistema represivo. Ante las múltiples evidencias históricas que prueban cómo una parte de la población no heterosexual (y en algunos casos también no cis) encontró una vía de escape a la opresión, cabe afirmar sin miedo a caer en ambigüedades, que la represión sexual de la dictadura franquista estuvo lejos de conseguir la dominación sexual (y social) que pretendía.

116. Nombre supuesto.
117. OLMEDA, *El látigo...*, *op. cit.*, p. 139.

5. Conclusiones

> «Que mi nombre no se borre en la historia».
> JULIA CONESA
> (Fusilada en 1939).

Con todo lo expuesto a lo largo del ensayo, hemos dejado patente que la represión franquista contra la diversidad sexual se basó en la existencia de tres pilares interrelacionados, no casuales ni arbitrarios, que nos permiten hablar de una represión premeditada y sistematizada.

La psiquiatría inicialmente incluyó al homosexual en la lista de delincuentes y, como defendía Vallejo Nágera, era el aparato legislativo el que también debía ocuparse de los «invertidos», ya que desconfiaba en que tal tendencia sexual pudiera ser corregida. De este modo, con la psiquiatría como fundamento, la Ley de 1954 incluyó a los homosexuales junto a vagos y maleantes: las personas homosexuales serían condenadas por delincuentes.

El discurso médico fue experimentando un viraje a medida que discurría la dictadura, y las personas no heterosexuales pasaron así a ser consideradas «enfermas contagiosas» y, por tanto, peligrosas socialmente. Sin embargo, estas seguirían estando condenadas por la legislación, pues Antonio Sabater, basándose en las tesis de Pérez Argilés, defendía que debían ser encarceladas para evitar que expandieran la supuesta enfermedad. Este cambio explica que en la LPRS de 1970 encontremos la condena de «actos homosexuales» y no ya del individuo homosexual. En definitiva, ahora el homosexual era condenado por ser un peligro contagioso para la sociedad.

Tanto la psiquiatría como la legislación tuvieron siempre presente el catolicismo, alegando como último objetivo la preservación de las buenas costumbres y la limpia moral del pueblo español. La Iglesia, por su parte, predicó hasta la saciedad su reaccionaria doctrina católica y, con ella, el rechazo al homosexual, contribuyendo así a que el rebaño social, una vez hubo interiorizado una idea nefanda del «desviado», se convirtiera en el instrumento coaccionador, estigmatizador y, sobre todo, delator.

En definitiva, la legislación se sirvió de la base «científica» aportada por la psiquiatría para justificar su condena contra el homosexual, bien por delincuente al principio del Régimen, bien por enfermo contagioso en los 70. La trascendencia de la sociedad vigilante (y vigilada) fue una pieza imprescindible en el funcionamiento del complejo engranaje del sistema represivo.

Respondiendo al interrogante que proponíamos al inicio, podemos afirmar que dicho sistema tuvo un éxito parcial, ya que diversas fuentes prueban las vías de escape que encontraron algunos no heterosexuales, como los relatos que aparecen en la obra de Serrano Vicéns y otros múltiples testimonios orales.

Existe una gran batería de obras que investigan la represión franquista ejercida contra individuos por cuestiones políticas, pero si queremos recuperar la Memoria Histórica, también debemos dar voz a todas aquellas personas víctimas de ese Régimen abyecto que pretendía exterminarlas por su orientación sexual. Y en este sentido es, una vez más, la mujer no heterosexual la gran olvidada.

Con este ensayo hemos intentado arrojar algo más de luz a la historia de la diversidad sexual en el franquismo, tema sobre el que todavía se deben escribir ríos de tinta, no solo para recuperar ese microcosmos de nuestro pasado, sino para honrar de algún modo a esas víctimas de la dictadura que han sido durante tanto tiempo silenciadas.

En los últimos años se ha intentado reparar la represión franquista a través de indemnizaciones económicas a aquellos homosexuales que consiguieron sobrevivir. Asimismo, están proliferando irrisorios monumentos que recuerdan la represión que sufrió la diversidad sexual (¿y acaso en la actualidad no sigue sufriendo vejaciones?).

Ninguna placa conmemorativa puede servir para reparar tanto odio y, desde luego, nunca cuando lucen al lado de calles que llevan el nombre de personajes dignos de repudio, como es el caso de la calle del doctor Vallejo Nágera, presente en muchas ciudades de la geografía española.

Más acuciantes si cabe son las calles y fachadas de la España vaciada, en la que no solo muchos municipios permanecen con nombres franquistas, sirva de ejemplo San Leonardo de Yagüe (Soria), sino que siguen exhibiendo signos y proclamas de la dictadura, especialmente en los muros de las iglesias, llenos de yugos y flechas, odio y sangre.

La reciente exhumación de Franco llega tarde, pero sin duda es un paso necesario para curar las heridas que todavía permanecen abiertas. Hasta que no recuperemos la historia de todas y todos, hasta que no dignifiquemos la memoria de las víctimas del franquismo, la herida no va a dejar de sangrar.

La tarea de las investigadoras no solo es unir yermas fechas y lejanos acontecimientos; también es su deber contribuir a que este país pueda pasar página recuperando la verdad, dignificando y curando. Se trata de acabar con el latente pacto del olvido que hemos arrastrado desde nuestra tan defectuosa Transición.

La limpieza de la dictadura franquista que la democracia española tiene pendiente apenas ha comenzado. No obstante, escribiendo un 8 de marzo de 2020 estas líneas, el futuro parece, cuando menos, esperanzador.

6. Anexos[118]

Anexo I. Ley de Vagos y Maleantes de 1954

LEY DE 15 DE JULIO DE 1954 por la que se modifican los artículos 2.° y 6.° de la Ley de Vagos y Maleantes, de 4 de agosto de 1933.

La producción de hechos que ofenden la sana moral de nuestro país por el agravio que causan al tradicional acervo de buenas costumbres, fielmente mantenido en la sociedad española, justifican la adoptación de medidas para evitar su difusión.

Las establecidas por la presente Ley, mediante la que se modifican los artículos segundo y sexto de la de Vagos y Maleantes, de cuatro de agosto de mil novecientos treinta y tres, no son propiamente penas, sino medidas de seguridad, impuestas con finalidad doblemente preventiva, con propósito de garantía colectiva y con la aspiración de corregir a sujetos caídos al más bajo nivel moral. No trata esta Ley de castigar, sino de proteger y reformar.

También aspira la misma Ley a proteger la paz social y la tranquilidad pública contra las actividades, no constitutivas de

118. Se han corregido algunas erratas del texto original que no afectan a su comprensión.

delito o cuya delincuencia consta, pero no puede ser inmediatamente probada, de sujetos que, por su habilidad, escapan a través de las mallas de la Ley o eluden su aplicación, por cuya causa constituyen un serio peligro para una ordenada vida de la colectividad.

En su virtud, y de conformidad con la propuesta elaborada por las Cortes españolas,

DISPONGO:

Artículo primero.—Los números segundo y undécimo del artículo segundo y el número segundo del artículo sexto de la Ley de Vagos y Maleantes, de cuatro de agosto de mil novecientos treinta y tres, quedan redactados en la siguiente forma:

[...]

Artículo segundo.—Número segundo.—Los homosexuales, rufianes y proxenetas.

[...]

Artículo segundo.—Número undécimo.—Podrán asimismo ser declarados peligrosos como antisociales los que, en sus actividades y propagandas, reiteradamente inciten a la ejecución de delitos de terrorismo o de atraco y los que públicamente hagan la apología de dichos delitos. También podrán ser objeto de igual declaración los que, de cualquier manera, perturben con su conducta o pusieren en peligro la paz social o la tranquilidad pública.

[...]

Artículo sexto.—Número segundo.—A los homosexuales, rufianes y proxenetas, a los mendigos profesionales y a los que vivan de la mendicidad ajena, exploten menores de edad, enfermos mentales o lisiados, se les aplicarán, para que las cumplan todas sucesivamente, las medidas siguientes:

a) Internado en un establecimiento de trabajo o Colonia Agrícola. Los homosexuales sometidos a esta medida de seguridad deberán ser internados en Instituciones especiales y, en todo caso, con absoluta separación de los demás.

b) Prohibición de residir en determinado lugar o territorio y obligación de declarar su domicilio.

c) Sumisión a la vigilancia de los Delegados.

[...]

Artículo segundo.—Quedan derogadas cuantas disposiciones se opongan a las establecidas en la presente Ley y autorizado el Ministro de Justicia para dictar las medidas necesarias para su ejecución y cumplimiento, dejando subsistentes las facultades gubernativas que en materia de orden público, moralidad y disciplina social tiene actualmente atribuidas el Ministerio de la Gobernación.

Dada en el Palacio de El Pardo a quince de julio de mil novecientos cincuenta y cuatro.

FRANCISCO FRANCO[119]

Anexo II. Ley de Peligrosidad y Rehabilitación Social de 1970

Ley 16/1970, de 4 de agosto, sobre peligrosidad y rehabilitación social.

Los ordenamientos contemporáneos, impulsados por la necesidad de defender a las sociedad contra determinadas conductas individuales, que sin ser, en general, estrictamente delictivas, entrañan un riesgo para la comunidad, han ido estableciendo, junto a sus normas penales propiamente dichas, dirigidas a la sanción del delito e inspiradas en el Derecho penal clásico, un sistema de normas nuevas encaminadas a la aplicación de medidas de seguridad a los sujetos socialmente peligrosos e inspiradas en las orientaciones de la rama científica que desde hace años se conoce con el nombre de «Defensa social». La pena y la medida de seguridad vienen así a coexistir en las legislaciones modernas con ámbito diferente y fines diversos, aunque en último término coincidentes en la salvaguarda de la sociedad, a la que de este modo se dota de un dualismo de medios defensivos con esferas de acción distintas.

---

119. En: Boletín Oficial del Estado (BOE) n.º 198, Ley de 15 de julio 1954 por la que se modifican los artículos 2.º y 6.º de la Ley de Vagos y Maleantes, de 4 de agosto de 1933, p. 4862.

Situándose ya en aquella línea, la Ley española de cuatro de agosto de mil novecientos treinta y tres, denominada de «Vagos y Maleantes», se enfrentó con la realidad de la existencia en nuestra patria, como en otros países, de diversos estados de peligrosidad anteriores al delito e incluso de otros posteriores al mismo, instaurando para unos y otros un sistema de imposición de correlativas e idóneas medidas de seguridad.

Respetaba con ello el legislador el indispensable principio de legalidad, amparador de las garantías individuales, y con la valoración de las principales conductas antisociales en aquel momento existentes establecía índices definidores de las mismas que eludían toda posible arbitrariedad. La competencia en esta materia fue, con criterio judicialista, conferida a los Jueces de Instrucción especialmente designados, quienes declaraban la peligrosidad e imponían las medidas consiguientes, a través de sentencias indeterminadas y con el ejercicio de la facultad electiva entre varias medidas en cada caso, casi siempre con límites dosificados de acuerdo con los índices de peligrosidad. En el plano procesal, la Ley arbitró un procedimiento ajustado a un criterio de simplicidad y urgencia. Las medidas de seguridad, en resumen, tendían a apartar temporalmente de la vida social al peligroso, pero con el fin de darle educación y lograr su readaptación a la sociedad, confiriendo intervención a los órganos jurisdiccionales en la comprobación de los resultados del tratamiento impuesto.

Constituyó así la Ley de Vagos y Maleantes un avance técnico indudable y supuso un paso acertado e importante en la necesaria política de defensa y protección social, en cuyo campo ha producido estimables resultados. Sin embargo, los cambios acaecidos en las estructuras sociales, la mutación de costumbres que impone el avance tecnológico, su repercusión sobre los valores morales, las modificaciones operadas en las ideas normativas del buen comportamiento social y la aparición de algunos estados de peligrosidad característicos de los países desarrollados que no pudo contemplar el ordenamiento de mil novecientos treinta y tres, han determinado que la Ley referida, a pesar de los retoques parciales introducidos por disposiciones posteriores, aparezca hoy, al menos en parte, un tanto inactual e incapaz de cumplir íntegramente los objetivos que en su día se le asignaron. De ahí que para poner al día y proporcionar plena eficacia a sus normas haya parecido necesario realizar esta reforma, que manteniendo sustancialmente sin modificación los principios en que la Ley de mil novecientos treinta y tres se inspiró, adecúa su contenido a las necesidades y realidades de hoy, en beneficio de los propios sujetos a quienes la Ley haya de aplicarse y de la sociedad que debe integrarlos.

Se trata, pues, de una reforma de adaptación, que fundamentalmente tiende a conseguir los siguientes fines:

Primero.—Corregir los defectos observados en el sistema o en la aplicación de la antigua Ley, empezando por sustituir el título de «Vagos y Maleantes» por el de «Peligrosidad y Rehabilitación Social», no solo más en línea con la terminología moderna, sino, lo que tiene superior importancia, más fielmente expresivo del fundamento y del fin de la norma, al señalar como objetivo el primordial compromiso de reeducar y rescatar al hombre para la más plena vida social.

Segundo.—Exigir y facilitar, dentro de los procedimientos regidos por esta Ley, la adquisición de un conocimiento lo más perfecto posible de la personalidad biopsicopatológica del presunto peligroso y su probabilidad de delinquir, asegurando a tal efecto que sus condiciones antropológicas, psíquicas y patológicas sean estudiadas por los técnicos y adecuadamente ponderadas. Investigación y valoración que parecen necesarias en el ámbito de unas normas que, por no integrar una ley penal construida objetivamente sobre hechos y tipos de delito, sino una serie de preceptos en función de determinadas categorías subjetivas de peligro, requieren inexcusablemente la prueba bien fundada del estado de peligrosidad del individuo.

Tercero.—Eliminar del texto aquellos estados que hoy resultan anacrónicos o inútiles por ofrecer duda de suficiente peligrosidad, así como los que representan una innecesaria superposición al delito, con la consiguiente duplicidad de pena y medida de seguridad. Por esta causa han desaparecido los preceptos relativos a una serie de supuestos: la posesión no justificada de dinero, los juegos prohibidos, la venta de bebidas alcohólicas y favorecimiento de la embriaguez, la ocultación de nombre o uso de documentación falsa de identidad, la incitación al terrorismo y al atraco, la comisión de delitos imposibles, así como otros estados de peligrosidad análogos, opuestos al legalismo ineludible que el tratamiento de estas cuestiones reclaman.

Cuarto.—Modificar otros estados, como los referentes a quienes realicen actos de homosexualidad, la mendicidad habitual, el gamberrismo, la migración clandestina y la reiteración y reincidencia, matizándolos con retoques que harán más exigente la apreciación de estas figuras, al tiempo que eliminarán toda posible ambigüedad de las mismas.

Quinto.—Establecer las nuevas categorías de estados de peligrosidad que las actuales circunstancias sociales demandan por ofrecerse ciertamente como reveladoras de futuras y probables actividades delictivas o de presentes y efectivas perturbaciones sociales con grave daño o riesgo para la comunidad, tales como las referentes al ejercicio habitual de la prostitución y al tráfico de estupefacientes; a la situación de los menores de veintiún años en ciertas condiciones de perversión moral y en ausencia de protección familiar; a aquellos que, aun mayores de edad, se agrupan en bandas y pandillas con actividades reveladoras de evidente predisposición delictiva: a los portadores de armas u otros objetos idóneos para la agresión; a los que promuevan o fomenten el tráfico, comercio o exhibición de material pornográfico, y a los autores de inexcusables contravenciones de circulación por conducción peligrosa. Asimismo parece oportuno incluir en la relación de peligrosidad social a quienes, como los enfermos mentales cuando estuvieren abandonados y sin adecuado tratamiento, constituyen, por desgracia y sin ninguna voluntariedad por su parte, un riesgo efectivo para la comunidad, por lo que, tanto en interés social como en su propio bien, deben ser objeto de un régimen preventivo que permita lograr su curación y poner remedio a su potencial peligrosidad.

Sexto.—Reducir la duración del internamiento en establecimientos de custodia; actualizar la cuantía de las multas y ampliar el catálogo de las medidas con internamiento en establecimientos de reeducación y preservación, arrestos de fin de semana, privación del permiso de conducción de vehículos de motor o prohibición de obtenerlo: prohibición de visitar establecimientos de bebidas y otros lugares; clausura de locales y reprensión judicial; retornando, por último, a la indeterminación absoluta de las medidas para los ebrios y toxicómanos por estar más en función de la necesidad curativa.

Séptimo.—Expresar de forma más simple y precisa los preceptos que hacen referencia a la organización jurisdiccional, competencia y procedimiento, imprimiendo mayor celeridad en este y acentuando los principios de contradicción e inmediación judicial. En esta vertiente se suprime la facultad de los Tribunales de lo Criminal de declarar el estado peligroso; se regula y facilita la defensa del sujeto a expediente en ambos grados jurisdiccionales, así como los ceses de las medidas y los juicios de revisión, cuando aparezcan síntomas de regeneración, y se duplican, con las mayores garantías de la doble instancia las posibilidades de impugnación de las resoluciones judiciales al conceder recurso de apelación contra los autos de revisión.

Octavo.—Adoptar, en orden a la ejecución de las medidas de seguridad, un sistema basado en la unicidad, continuidad y diligencia, como elementos primordiales de todo proceso de profilaxis y reincorporación social, que pretende que tanto la función de señalar tratamiento como la de realizarlo se reúnan en el orden judicial, a fin de que este, en contacto con el peligroso pueda dirigir las modalidades de ejecución, sin menoscabo de las facultades que corresponden a la autoridad administrativa.

Noveno.—Finalmente, la Ley se preocupa de la creación de nuevos establecimientos especializados donde se cumplan las medidas de seguridad, ampliando los de la anterior legislación con los nuevos de reeducación para quienes realicen actos de homosexualidad, ejerzan la prostitución y para los menores, así como los de preservación para enfermos mentales; establecimientos que, dotados del personal idóneo necesario, garantizarán la reforma y rehabilitación social del peligroso, con medios de la más depurada técnica y mediante la intervención activa y precisa de la autoridad judicial especializada.

Estos son los fines humanos y sociales que persigue la Ley, no limitados a una pragmática defensa de la sociedad, sino con los propósitos ambiciosos de servir por los medios más eficaces a la plena reintegración de los hombres y de las mujeres que, voluntariamente o no hayan podido quedar marginados de una vida ordenada y normal.

En su virtud y de conformidad con la Ley aprobada por las Cortes Españolas, vengo en sancionar.

TÍTULO PRIMERO
De los estados de peligrosidad, de las medidas de seguridad y de su aplicación

CAPÍTULO PRIMERO
De los estados de peligrosidad

Artículo primero.

Quedan sometidos a las prescripciones de la presente Ley los mayores de dieciséis años que se encuentren comprendidos en sus artículos segundo, tercero y cuarto.

Los menores de dicha edad que puedan considerarse incluidos en los dos primeros preceptos citados, serán puestos a disposición de los Tribunales Tutelares de Menores.

Artículo segundo.

Serán declarados en estado peligroso, y se les aplicarán las correspondientes medidas de seguridad y rehabilitación, quienes:

A) Resulten probadamente incluidos en alguno de los supuestos de este artículo, y

B) Se aprecie en ellos una peligrosidad social.

Son supuestos del estado peligroso los siguientes:

Primero. Los vagos habituales.

Segundo. Los rufianes y proxenetas.

Tercero. Los que realicen actos de homosexualidad.

Cuarto. Los que habitualmente ejerzan la prostitución.

Quinto. Los que promuevan o fomenten el tráfico, comercio o exhibición de cualquier material pornográfico o hagan su apología.

Sexto. Los mendigos habituales y los que vivieren de la mendicidad ajena o explotaren con tal fin a menores, enfermos, lisiados o ancianos.

Séptimo. Los ebrios habituales y los toxicómanos.

Octavo. Los que promuevan o realicen el ilícito tráfico o fomenten el consumo de drogas tóxicas, estupefacientes o fármacos que produzcan análogos efectos; y los dueños o encargados de locales o establecimientos en los que, con su conocimiento, se permita o favorezca dicho tráfico o consumo, así como los que ilegítimamente posean las sustancias indicadas.

Noveno. Los que, con notorio menosprecio de las normas de convivencia social y buenas costumbres o del respeto debido a personas o lugares, se comportaren de modo insolente, brutal o cínico, con perjuicio para la comunidad o daño de los animales, las plantas o las cosas.

Décimo. Los que integrándose en bandas o pandillas manifestaren, por el objeto y actividades de aquéllas, evidente predisposición delictiva.

Undécimo. Los que sin justificación lleven consigo armas u objetos que, por su naturaleza y características, denoten indudablemente su presumible utilización como instrumento de agresión. Duodécimo. Los que de modo habitual o lucrativo faciliten la entrada en el país o la salida de él a quienes no se hallen autorizados para ello.

Decimotercero. Los autores de inexcusables contravenciones de circulación por conducción peligrosa.

Decimocuarto. Los menores de veintiún años abandonados por la familia o rebeldes a ella, que se hallaren moralmente pervertidos.

Decimoquinto. Los que, por su trato asiduo con delincuentes o maleantes y por la asistencia a las reuniones que celebren, o por la retirada comisión de faltas penales, atendidos el número y la entidad de éstas; revelen inclinación delictiva.

Artículo tercero.

Serán de aplicación los preceptos de esta Ley a los enfermos y deficientes mentales que, por su abandono o por la carencia de tratamiento adecuado, signifiquen un riesgo para la comunidad.

Artículo cuarto.

También podrán ser sometidos a los preceptos de esta Ley los condenados por tres o más delitos, en quienes sea presumible la habitualidad criminal, previa expresa declaración de su peligrosidad social.

CAPÍTULO II
De las medidas de seguridad

Artículo quinto.

Son medidas de seguridad:

Primera. Internamiento en un establecimiento de custodia o trabajo adecuado a la personalidad del sujeto peligroso dentro del cuadro de clasificación que reglamentariamente se establezca, por tiempo no inferior a cuatro meses ni superior a tres años, cuando se trate de internamiento en establecimiento de custodia, y por el tiempo mínimo que fije la sentencia o el auto de revisión y máximo de tres años, cuando se imponga internamiento en establecimiento de trabajo.

Segunda. Internamiento en un establecimiento de reeducación por tiempo no inferior a cuatro meses ni superior a tres años.

Tercera. Internamiento en un establecimiento de preservación hasta su curación o hasta que, en su defecto, cese el estado de peligrosidad social.

Cuarta. Arresto de cuatro a diez fines de semana.

Quinta. Aislamiento curativo en casas de templanza hasta su curación.

Sexta. Sumisión obligatoria a tratamiento ambulatorio en centros médicos adecuados hasta la curación.

Séptima. Privación del permiso de conducción de vehículos de motor o prohibición de obtenerlo por tiempo no inferior a un mes ni superior a dos años.

Octava. Clausura del establecimiento de un mes a un año. Esta clausura no afectará a la relación laboral del personal que preste servicios en el establecimiento.

Novena. Obligación de declarar el domicilio o de residir en un lugar determinado por tiempo no superior a cinco años.

Décima. Prohibición de residir en el lugar o territorio que se designe. La duración de esta medida será fijada con el límite máximo de cinco años.

El sujeto prevenido quedará obligado a declarar el domicilio que escoja y los cambios que se produzcan.

Undécima. Prohibición de visitar establecimientos de bebidas alcohólicas y los lugares donde se hayan desarrollado las actividades peligrosas, durante el tiempo que se fije no superior a cinco años.

Duodécima. Expulsión del territorio nacional cuando se trate de extranjeros. El sujeto a esta medida de seguridad no podrá volver a entrar en España durante el plazo de cinco años.

Decimotercera. Reprensión judicial.

Decimocuarta. Sumisión a la vigilancia de la autoridad.

Esta vigilancia será ejercida por delegados especiales y tendrá el carácter de tutelar y de protección.

Los delegados cuidarán de proporcionar trabajo según su aptitud y conducta, a los sujetos a su vigilancia.

La duración de esta medida será de uno a cinco años y podrá ser reemplazada por caución de conducta.

Decimoquinta.—Multa de mil a cincuenta mil pesetas.

Decimosexta.—Incautación, en favor del Estado, del dinero, efectos e instrumentos que procedan.

CAPÍTULO III
De la aplicación de las medidas de seguridad

Artículo sexto.

Las medidas de seguridad se aplicarán a los sujetos declarados en estado peligroso de la forma siguiente:

Primero.—A los vagos habituales se les impondrán, para que las cumplan sucesivamente, las siguientes medidas:

a) Internamiento en un establecimiento de trabajo.

b) Obligación de declarar su domicilio o de residir en un lugar determinado y sumisión a la vigilancia de los delegados.

Segundo.—A los rufianes y proxenetas, a los mendigos habituales y a los que vivan de la mendicidad ajena o exploten menores, enfermos, lisiados o ancianos se les aplicarán, para que las cumplan sucesivamente, las siguientes medidas:

a) Internamiento en un establecimiento de custodia o de trabajo, adecuado a las condiciones personales del sujeto y, en su caso, incautación del dinero.

b) Prohibición de residir en el lugar o territorio que se designe y sumisión a la vigilancia de los delegados.

A los proxenetas se les clausurará además el establecimiento donde hubieren tenido lugar sus actividades.

Tercero.—A los que realicen actos de homosexualidad y a las que habitualmente ejerzan la prostitución se les impondrán, para su cumplimiento sucesivo, las siguientes medidas:

a) Internamiento en un establecimiento de reeducación.

b) Prohibición de residir en el lugar o territorio que se designe o de visitar ciertos lugares o establecimientos públicos, y sumisión a la vigilancia de los delegados.

Cuando los peligrosos del número cuarto del artículo segundo sean del sexo masculino, se les impondrá para su cumplimiento sucesivo:

a) Internamiento en establecimiento de trabajo y multa, y

b) Prohibición de residir en el lugar o territorio que se designe y sumisión a la vigilancia de los delegados.

Cuarto.—A los que promuevan o fomenten el tráfico, comercio o exhibición de cualquier material pornográfico o hagan su apología se les impondrá, para su cumplimiento sucesivo, las siguientes medidas:

a) Internamiento en un establecimiento de trabajo, multa e incautación del dinero y efectos procedentes.

b) Sumisión a la vigilancia de los delegados.

Quinto.—A los ebrios habituales y toxicómanos se les aplicarán, para su cumplimiento simultáneo o sucesivo, según proceda, alguna o algunas de las siguientes medidas:

a) Aislamiento curativo en casas de templanza.

b) Tratamiento ambulatorio.

c) Privación del permiso de conducción de vehículos de motor o prohibición de obtenerlo.

d) Obligación de declarar el domicilio o de residir en un lugar determinado y sumisión a la vigilancia de los delegados.

e) Además, a los toxicómanos, incautación de los efectos ocupados, y a los ebrios habituales, prohibición de visitar establecimientos de bebidas.

Sexto.—A los relacionados en el número octavo del artículo segundo se les impondrán simultáneamente las tres medidas siguientes:

a) Internamiento en un establecimiento de trabajo.

b) Incautación del dinero y efectos procedentes.

e) Multa.

d) Sucesivamente se les aplicará la prohibición de residir en el lugar o territorio que se designe y sumisión a la vigilancia de los delegados.

e) Además, a los dueños de los establecimientos se les clausurará, en su caso, el local.

Séptimo.—A los comprendidos en los números noveno, décimo y undécimo del artículo segundo se les aplicarán, simultánea o sucesivamente, todas o algunas de las siguientes medidas:

a) Internamiento en un establecimiento de reeducación o de trabajo.

b) Arresto de fines de semana.

c) Multa.

d) Reprensión judicial.

e) Prohibición de residir en el lugar o territorio que se designe o de visitar ciertos lugares públicos.

f) Sumisión a la vigilancia de los delegados.

g) Incautación de los efectos e instrumentos procedentes.

A los comprendidos en los números noveno y décimo se les podrá imponer, además, para su cumplimiento posterior al internamiento, la privación del permiso de conducción de vehículos de motor o la prohibición de obtenerlo.

Octavo.—A los comprendidos en el número duodécimo del artículo segundo se les impondrán, para su cumplimiento sucesivo, las siguientes medidas:

a) Internamiento en un establecimiento de trabajo, multa e incautación del dinero y efectos procedentes.

b) Prohibición de residir en el lugar o territorio que se designe y sumisión a la vigilancia de los delegados, y, además, privación del permiso de conducción de vehículos de motor o prohibición de obtenerlo.

Noveno.—A los comprendidos en el número trece del artículo segundo se les impondrá la privación del permiso de conducción de vehículos de motor o la prohibición de obtenerlo.

Décimo.—A los menores de veintiún años a que se refiere el número catorce del artículo segundo se les aplicarán, simultánea o sucesivamente, todas o algunas de las siguientes medidas:

a) Internamiento en un establecimiento de reeducación.

b) Arresto de fines de semana.

e) Reprensión judicial.

d) Prohibición de residir en el lugar o territorio que se designe o de visitar ciertos lugares públicos.

e) Sumisión a la vigilancia de los delegados.

Undécimo.—A los que observaren la conducta reveladora de inclinación al delito definida en el número quince del artículo segundo se les impondrán, para su cumplimiento simultáneo o sucesivo, alguna o algunas de las siguientes medidas:

a) Internamiento en un establecimiento de custodia o trabajo.

b) Arresto de fines de semana.

e) Privación del permiso de conducción de vehículos de motor o prohibición de obtenerlo.

d) Prohibición de residir en el lugar o territorio que se designe y sumisión a la vigilancia de los delegados.

Duodécimo.—A los enfermos y deficientes mentales que se encuentren en la situación a que se refiere el artículo tercero se les aplicarán, para su cumplimiento sucesivo, las siguientes medidas:

a) Internamiento en un establecimiento de preservación hasta que sea necesario.

b) Sumisión a la vigilancia de los delegados.

Decimotercero.—A los declarados peligrosos conforme al artículo cuarto se les aplicarán, para su cumplimiento simultáneo u oculto, alguna o algunas de las siguientes medidas:

a) Internamiento en un establecimiento de custodia o de trabajo.

b) Privación del permiso de conducción de vehículos de motor o prohibición de obtenerlo.

c) Prohibición de residir en el lugar o territorio que se designe y sumisión a la vigilancia de los delegados.

Artículo séptimo.

Si los declarados peligrosos fueren extranjeros, el Juez podrá imponerles las medidas del artículo precedente que correspondan o la de expulsión del territorio nacional, sin perjuicio de aplicarles, además, las que sean compatibles con dicha expulsión y figuren en cada supuesto de peligrosidad

TÍTULO II
De la jurisdicción y del procedimiento

CAPÍTULO PRIMERO
De la jurisdicción y competencia

Artículo octavo.

La facultad de declarar el estado peligroso e imponer las respectivas medidas de seguridad corresponde exclusivamente a la jurisdicción ordinaria a través de los Jueces de Instrucción.

Deberá existir uno al menos por cada provincia, con cometido único cuando así se establezca, o simultáneo con el que le está asignado en el orden jurisdiccional penal.

En todo caso, los Juzgados de cabeza de partido realizarán las actuaciones precisas en orden a esta Ley, por delegación o en funciones de prevención, y remitirán las diligencias que ante ellos se inicien al Juzgado que corresponda, conforme a lo que en este artículo se establece.

La competencia territorial se determinará por el lugar en que de modo principal se haya manifestado la presunta peligrosidad.

El nombramiento de los Jueces con cometido único se realizará según las normas que rigen el de los restantes Jueces de Instrucción, y será título preferente para su designación la especialización que se acredite en la forma que reglamentariamente se determine.

Artículo noveno.

Para conocer de los recursos de apelación que se interpongan contra las resoluciones de los Jueces a quienes se encomienda la aplicación de la presente Ley existirán salas especiales en las Audiencias que al efecto se designen, integradas por tres Magistrados, con o sin revelación de sus otras funciones, cuya sede y competencia territorial se establecerá por el Gobierno.

El nombramiento de los Magistrados de estas Salas, cuando tengan cometido único, se realizará según las normas que rigen la designación de los Magistrados, siendo título preferente el mencionado en el párrafo cuarto del artículo anterior.

Estas Salas, dentro del ámbito territorial de su competencia, serán órgano superior de los Juzgados dedicados a aplicar esta Ley.

Artículo diez.

Los Juzgados cuyo único cometido sea la aplicación de esta Ley tendrán adscritos permanentemente los funcionarios del Ministerio Fiscal que se precisen. En los demás, el servicio se atenderá por los funcionarios de la plantilla de la Fiscalía de la Audiencia correspondiente.

A las Salas de Apelación se adscribirán los funcionarios del Ministerio Fiscal que se juzgue necesario. Estos nombramientos se realizarán conforme a sus normas orgánicas.

Artículo once.

Con arreglo a las normas orgánicas de los Cuerpos respectivos se efectuarán los nombramientos de Secretarios de los Juzgados y Salas de Apelación, así como del restante personal facultativo, auxiliar y subalterno.

CAPÍTULO II
Del procedimiento

Sección 1.ª Del procedimiento en dos Juzgados

Artículo doce.

El procedimiento para la declaración del estado de peligrosidad y aplicación de las medidas de seguridad podrá promoverse a petición del Ministerio Fiscal o de oficio: en este caso, bien por ciencia propia o por denuncia de la Policía Judicial o de particulares.

Se seguirá expediente individual para cada denunciado o presunto peligroso, sin posibilidad de acumulación a otros.

Artículo trece.

Cuando un Tribunal o Juzgado que entienda de un proceso penal conozca, por razón del mismo, de alguna conducta que pueda estar incursa en alguno de los estados de peligrosidad que definen los artículos segundo, tercero y cuarto de la presente Ley remitirá testimonio de los antecedentes necesarios al Juzgado a quien competa la tramitación del expediente de peligrosidad.

Las Juzgados encargados de la aplicación de esta Ley y las Salas especiales que establece el artículo noveno remitirán asimismo a los Juzgados competentes testimonio de situaciones de las que puedan resultar la comisión de hechos delictivos o la participación de los encartados en ellos.

Artículo catorce.

Los Fiscales promoverán, y la Policía judicial practicará, las diligencias de investigación de conducta que puedan determinar la incoación de expedientes de peligrosidad social, o constituir elementos de juicio que deban ser tenidos en cuenta en los mismos.

Artículo quince.

Iniciado el expediente se pondrá en conocimiento del Presidente y del Fiscal de la Sala de Apelación que corresponda.

Las actuaciones comenzarán por una fase de averiguación en la que intervendrá el Ministerio Fiscal.

Artículo dieciséis.

En dicha fase, el Juez oirá a la persona afectada sobre los extremos que motiven el expediente, su identidad personal, estado, si tiene hijos o menores sometidos a tutela y sus edades, profesión u oficio, domicilio o residencia, y manera de vivir durante los cinco años anteriores, consignándose circunstancialmente las respuestas que diere. También reclamará informes de conducta y antecedentes penales y policiales de la misma, así como cuanto sea preciso para corroborar su edad e identidad personal, reseñando o uniendo los documentos que aquélla pueda presentar al propio fin.

Acordará, asimismo, el Juez la investigación antropológica, psíquica y patológica del sujeto a expediente, mediante dictamen pericial médico; y cuando estuviese especialmente indicado, recabará información sobre sus factores familiares y sociales a técnicos o instituciones idóneas y llevará a cabo las restantes diligencias de comprobación que estime necesarias.

Artículo diecisiete.

Las diligencias a que se refiere el artículo anterior habrán de practicarse en el plazo improrrogable de quince días, transcurrido el cual o una vez recibidos los informes reclamados y realizadas las demás comprobaciones que el Juez haya acordado de oficio o a instancia del Fiscal, oído este, acordará el archivo del expediente o dará vista de lo actuado al presunto peligroso, quien, desde este momento o desde que el Juez decida adoptar alguna medida cautelar, será instruido de sus derechos y podrá intervenir en el expediente, designando Procurador que le represente y Letrado que le defienda, los que, en otro caso, se le nombrarán en la forma prevenida en el artículo 188 de la Ley de Enjuiciamiento Criminal.

En el supuesto de dársele vista, el presunto peligroso podrá proponer en el plazo de cinco días los medios de prueba, admisibles en derecho, que a su descargo convengan.

Artículo dieciocho.

Contra el auto que acuerde el archivo de las actuaciones podrá recurrir en apelación el Fiscal, siendo observable, en la interposición y sustanciación del recurso, en cuanto sean aplicables las disposiciones de los artículos veintidós y veintitrés de la presente Ley.

Artículo diecinueve.

El Juez podrá adoptar las siguientes medidas cautelares con relación al presunto peligroso:

Primera.—La detención, si no pudiera ser citado o careciere de domicilio conocido.

Segunda.—Declararle rebelde, si dejare de comparecer sin justa causa al llamamiento judicial, acordando su internamiento preventivo.

Tercera.—El internamiento preventivo, en caso de estado de evidente indicio de peligrosidad y si las circunstancias lo hicieren necesario.

El internamiento se realizará, en cuanto sea posible, en los establecimientos que correspondan al supuesto de peligrosidad por el que se siga el expediente.

El auto de internamiento no necesitará ser ratificado y contra él procederá el recurso de reforma.

Artículo veinte.

El Juez resolverá sobre la admisión de las pruebas con arreglo a derecho.

Las pruebas admitidas se practicarán contradictoriamente en el plazo de doce días, si han de tener lugar en la sede del Juzgado, y de veinte, si hubieran de practicarse fuera de la misma.

Artículo veintiuno.

El Juez, practicadas las pruebas, oirá al Fiscal y al Abogado del presunto peligroso en un plazo sucesivo de cinco días, durante el cual producirán por escrito las alegaciones procedentes, que se unirán al expediente.

Si la parte dejare de utilizar este trámite, se le tendrá por decaído en su derecho y el expediente seguirá el curso debido.

Transcurrido dicho plazo, el Juez, dentro de los tres días siguientes, dictará resolución en forma de sentencia, que habrá de contener uno de los dos pronunciamientos siguientes:

a) Declarar probada la peligrosidad social del sujeto a expediente y su inclusión en alguno de los supuestos de los artículos segundo, tercero y cuarto, consignando los hechos que lo acrediten y señalando las medidas de seguridad aplicables.

b) Declarar que no ha lugar a la adopción de medidas de seguridad por no darse las condiciones del estado de peligrosidad o por ser infundada la denuncia.

La sentencia se notificará al Fiscal y al sujeto a expediente en el siguiente día.

Cuando se rechace la denuncia por infundada podrá el denunciado, previa autorización del Juez, ejercitar las acciones penales que procedan contra el denunciante.

Artículo veintidós.

El Fiscal y el interesado podrán interponer recurso de apelación contra la sentencia del Juez en el plazo de tres días, a contar desde la notificación. El Juez acordará emplazar al Ministerio Fiscal y a la parte para que comparezcan ante la Sala especial que corresponda dentro del décimo día.

Sección 2.ª Del recurso de apelación

Artículo veintitrés.

La Sala designará, cuando sea preciso, Abogado y Procurador al pregunto peligroso en la forma prevenida en esta Ley. El Fiscal y el sujeto a expediente podrán proponer a la Sala, al personarse, y ésta acordar, si lo estima pertinente que se reitere ante la misma el examen de los testigos y la ampliación de las diligencias practicadas por el Juez, así como la práctica de las pruebas que, propuestas ante el Juzgado, fueron indebidamente denegadas y de las que, admitidas, no se llevaron a cabo por causas no imputables a las partes.

El Tribunal, además, podrá acordar de oficio las diligencias que estime oportunas y nueva audiencia del interesado.

Las diligencias de prueba acordadas se practicarán con intervención del Fiscal y de la parte.

Las pruebas se practicarán en el plazo de doce días y, previa instrucción sucesiva de las partes, con entrega del expediente por tres días a cada una, se celebrará la vista oral dentro de los diez días siguientes, sin la presencia del sujeto a expediente, a menos que este lo solicitase y la Sala lo estimara conveniente.

La sentencia se dictará dentro del tercer día, y contra ella no procederá recurso alguno, salvo el juicio de revisión para va cancelación, confirmación, sustitución, reducción o prolongación de todas o algunas de las medidas de seguridad, a tenor de lo establecido en el capítulo IV de este título y lo dispuesto sobre ejecución de medidas de seguridad en el artículo veintiséis.

CAPÍTULO III
De la ejecución de las medidas de seguridad

Artículo veinticuatro.

La ejecución de las medidas de seguridad corresponderá a los Juzgados encargados de la aplicación de esta Ley.

Artículo veinticinco.

Firme la sentencia o el auto de revisión, el Juez cuidará del cumplimiento de las medidas de seguridad impuestas y del tratamiento eficaz del peligroso, con el fin de que se observe cuanto la Ley y el Reglamento preceptúen sobre el particular.

Si concurriere con las medidas de seguridad impuestas alguna pena total o parcialmente pendiente de ejecutar, y aquéllas y ésta no fueren susceptibles de cumplimiento simultáneo, se ejecutará preferentemente la pena.

Artículo veintiséis.

El Juez, previo informe de la Junta de Tratamiento, cuya composición y funciones se fijarán reglamentariamente, o, en su defecto, del delegado que tenga a su cargo la vigilancia del peligroso social o de quien proceda recabarlo, podrá acordar, con audiencia del Fiscal, el cese de la medida impuesta que corresponda y la sustitución, en su caso, por la sucesiva, según vaya cumpliéndose el mínimo de las mismas, y en las que no tengan mínimo, cuando transcurra, por lo menos, la tercera parte de su duración. Se acordará siempre, sin más trámites, cuando se cumpla el máximo o se alcance, en las de Internamiento por tiempo indeterminado, la condición fijada para ello en la ley, en la sentencia o en el auto de revisión, o cuando se considere que ha cesado el estado peligroso.

También acordará el Juez la cancelación definitiva del expediente por cumplimiento de la medida, cuando fuere única, o por extinción de la última en las de aplicación sucesiva.

CAPÍTULO IV
Del juicio de revisión

Artículo veintisiete.

Mediante el juicio de revisión puede el Juzgado cancelar, confirmar, sustituir, reducir o prolongar las medidas de seguridad que se hubieren acordado.

Artículo veintiocho.

La revisión de las medidas de seguridad corresponde al Juzgado que hubiere conocido del expediente en que se impusieron aquéllas.

Si la resolución se hubiere dictado por la Sala correspondiente, y no fuera totalmente confirmatoria de la sentencia o auto de primera Instancia, el Juzgado elevará propuesta de revisión a aquélla para su aprobación.

Artículo veintinueve.

El Fiscal y el declarado peligroso podrán promover el juicio de revisión en el caso del número primero del artículo siguiente. En los de los números segundo y tercero del propio artículo, el juicio podrá iniciarse por el Fiscal, o de oficio cuando el Juez tuviere noticia, por ciencia propia o por denuncia de la Policía o de particulares de que concurren aquellas circunstancias.

Artículo treinta.

Procederá el juicio de revisión:

Primero.—Por modificación del grado de peligrosidad social o por la terminación de este estado.

En el primer supuesto, el declarado peligroso no podrá promover el juicio de revisión hasta que haya transcurrido el mínimo señalado en la Ley, en la sentencia o en el auto de revisión para la medida que se pretenda revisar; en las que no tengan mínimo, hasta que transcurra la tercera parte de su duración a partir de la iniciación de su cumplimiento, salvo si fuere la de obligación o prohibición de residir en un lugar o territorio determinado, que podrá promoverse en cualquier momento posterior al comienzo de su ejecución, y en las de internamiento por tiempo indeterminado, basta que transcurran cuatro meses desde el principio del mismo.

Segundo.—Por haber quebrantado el peligroso cualesquiera de las medidas a que hubiere sido sometido.

Tercero.—Cuando por su conducta posterior a la sentencia o al auto de revisión, y anterior a la extinción de todas las medidas impuestas, incurriere nuevamente en cualesquiera de los estados de peligrosidad de los artículos segundo, tercero y cuarto de esta Ley.

Artículo treinta y uno.

Iniciado el juicio de revisión, el Juez oirá al declarado peligroso social sobre el hecho que lo motive, así como sobre su ocupación o manera de vivir si hubiere permanecido en libertad, y ordenará que dentro del plazo de doce días se practiquen las investigaciones, informaciones y comprobaciones que estime necesarias o útiles de las previstas en el artículo dieciséis, incluso a instancia del Fiscal o del peligroso, siendo este asistido por el Abogado y el Procurador que hubieran asumido su defensa y representación en el expediente o por los que designe o previamente se le nombren de acuerdo con lo dispuesto en el artículo diecisiete. También podrá el Juez adoptar, si procediere, las medidas del artículo diecinueve.

Seguidamente dará visto de lo actuado al Fiscal y al declarado peligroso por plazo sucesivo de tres días, para que, por escrito, el primero informe y el segundo haga las alegaciones de descargo que le convinieren.

Evacuados tales trámites, el Juez dictará auto dentro del tercer día, en el que acordará la revisión o declarará no haber lugar a ella. Este auto se notificará al Fiscal y a la parte.

Artículo treinta y dos.

En el plazo de tres días el declarado peligroso social podrá interponer, contra el auto de revisión, recurso de apelación, si las medidas acordadas excedieran del tiempo máximo por el que se impusieron en la sentencia o en el anterior auto de revisión, o se sustituyeran por otras, o las nuevas impuestas fueran de distinta naturaleza; y sin ninguna limitación si el juicio de revisión lo hubiera promovido él, en el supuesto del número uno del artículo treinta. El Fiscal podrá recurrir, en el mismo plazo, cualquiera que sea el auto dictado.

El Juez acordará emplazar al Fiscal y a la parte para que comparezcan ante la Sala de Apelación correspondiente dentro del quinto día. La apelación se tramitará en la forma prevenida en el artículo veintitrés.

TÍTULO III
Del recurso de abuso

Artículo treinta y tres.

El sujeto a medidas de seguridad podrá recurrir ante el Juez de Instrucción de su residencia o ante el encargado de la aplicación de esta Ley en su territorio, de todo exceso o abuso que pudiera haberse cometido en la ejecución de la medida acordada.

En el primer caso, el Juez de Instrucción remitirá los antecedentes al competente para su aplicación de esta Ley. Este, previa práctica de las diligencias que estime convenientes y oídos el Fiscal y la parte, podrá acordar las disposiciones pertinentes para corregir el exceso o abuso comprobado, sin perjuicio de lo demás que proceda. De esta resolución se dará cuenta en todo caso a la Sala de Apelación correspondiente.

La resolución se notificará al interesado, quien podrá recurrir contra la misma, ante dicha Sala, asistido de Abogado y Procurador.

TÍTULO IV
Normas supletorias

Artículo treinta y cuatro.

En todo lo referente al procedimiento y ejecución de medidas de seguridad serán supletoriamente aplicables, en primer término, las disposiciones del título III del libro IV de la Ley de Enjuiciamiento Criminal y, en su defecto, los demás preceptos de la misma, salvo en cuanto a recursos, que no se admitirán otros que los expresamente restablecidos en la presente Ley.

TÍTULO V
De la prescripción de las medidas de seguridad

Artículo treinta y cinco.

Las medidas de seguridad prescribirán:

a) A los diez años, si se trata de internamiento en establecimiento de custodia o de trabajo.

b) A los cinco años, si se trata de internamiento en asilos curativos de templanza o en establecimientos de preservación y reeducación, o de sumisión a la vigilancia de los delegados.

c) A los tres años, en cualquier otro caso.

El plazo de prescripción comenzará a contarse desde el día en que quedó firme la resolución en que se impuso la correspondiente medida o, en caso de cumplimiento sucesivo, desde que debió empezar a cumplirse la que se trate, o desde aquel en que se hubiera interrumpido irregularmente su ejecución.

Sí la medida de seguridad fuera en su cumplimiento posterior al de una pena, se computará el plazo desde la extinción de tal condena.

En todo caso, los plazos de prescripción establecidos en el presente artículo quedan interrumpidos si el peligroso fuera condenado por razón de delito.

DISPOSICIONES ADICIONALES

Primera.

La presente Ley entrará en rigor a los seis meses de su promulgación.

Segunda.

Las medidas de seguridad aplicables a los peligrosos sociales se regirán, en cuanto a su efecto retroactivo, por lo establecido en los artículos veintitrés y veinticuatro del Código Penal.

Tercera.

Antes de la entrada en vigor de esta Ley, el Ministerio de Justicia habilitará los establecimientos adecuados, a los que dotará de personal idóneo para la aplicación de las medidas de seguridad y rehabilitación, y someterá al Gobierno el proyecto de Reglamento que desarrolle el contenido de la presente Ley.

Cuarta.

Se autoriza al Gobierno para proceder a la enajenación de los inmuebles que se desafecten del Servicio de Instituciones Penitenciarias, aun cuando su valor exceda del límite señalado en el artículo sesenta y dos de la Ley del Patrimonio del Estado, siempre que su importe vaya a ser reinvertido en la modernización, mejora o nueva instalación de dependencias adscritas al citado Servicio. En estas reinversiones se concederán preferencia, en lo posible, a los establecimientos que deberán habilitarse para la ejecución de las medidas de seguridad previstas en esta Ley.

Quinta.

Se establecerán en el Ministerio de Justicia, en las Salas Especiales de Apelación, en la Dirección General de Seguridad, o en los Centros que ésta designe, y en la Jefatura Central de Tráfico, los registros especiales que sean necesarios con arreglo al Reglamento que se dicte.

Sexta.

Se autoriza al Gobierno para revisar, en la medida indispensable, las plantillas de destinos del personal de la Administración de Justicia para que pueda dotar convenientemente los Juzgados y Tribunales encargados de la aplicación de esta Ley.

Séptima.

Se autoriza al Gobierno para que, a propuesta de la Presidencia, adapte por Decreto las normas contenidas en la presente Ley a la jurisdicción militar en los casos en que pudiera ser competente, conforme al capítulo II, título I. Tratado Primero del Código de Justicia Militar, de diecisiete de julio de mil novecientos cuarenta y cinco.

DISPOSICIONES FINALES

Primera.

Se deroga la Ley de Vagos y Maleantes, de cuatro de agosto de mil novecientos treinta y tres, y sus complementarias o modificativas de veintitrés de noviembre de mil novecientos treinta y cinco, cuatro de mayo de mil novecientos cuarenta y ocho, quince de julio de mil novecientos cincuenta y cuatro y veinticuatro de abril de mil novecientos cincuenta y ocho.

Segunda.

El Gobierno, antes de la entrada en vigor de esta Ley y por Decreto, a propuesta de los Ministerios de Justicia y de Gobernación, adaptará los preceptos del Código de la Circulación que resulten afectados a lo dispuesto en la presente Ley.

Dada en el Pazo de Meirás a cuatro de agosto de mil novecientos setenta.

FRANCISCO FRANCO

El Presidente de las Cortes,

ALEJANDRO RODRÍGUEZ DE VALCÁRCEL Y NEBREDA[120]

---

120. En: Boletín Oficial del Estado (BOE) n.º 187 6/08/1970. Ley de Peligrosidad y Rehabilitación Social, pp. 12.551 a 12.557.

7. Bibliografía y fuentes

ALIAGA, Juan Vicente y CORTÉS, José Miguel: *Identidad y Diferencia. Sobre la cultura gay en España*. Barcelona-Madrid, Egales, 1997.

ARNALTE, Arturo: *Redada de violetas. La represión de los homosexuales durante el franquismo*. Madrid, La Esfera de los Libros, 2003.

ARÓSTEGUI, Julio: *Franco: La represión como sistema*. Barcelona, Flor del viento, 2012.

BAIDEZ APARICIO, Nathan: *Vagos, maleantes... y homosexuales. La represión a los homosexuales durante el franquismo*. Barcelona, Malhivern, 2007.

BEDOYA, Víctor: *Mecanismos represivos contra los homosexuales en la Barcelona franquista*. (Disponible en: http://www.ahistcon.org/docs/Santiago/pdfs/s4b.pdf).

CARLAVILLA DEL BARRIO, Mauricio: *Sodomitas*. Madrid, NOS, 1956.

CHAMORRO GUNDIN, Fernando: *Resultados obtenidos con técnicas proyectivas en una muestra de 200 delincuentes homosexuales españoles*. Madrid, Dirección General de Instituciones Penitenciarias, 1970.

ENRÍQUEZ, José Ramón (ed.): *El homosexual ante la sociedad enferma*. Barcelona, Tusquets, 1978.

ESLAVA GALÁN, Juan: *Coitus interruptus. La represión sexual y sus heroicos alivios en la España Franquista.* Barcelona, Planeta, 1997.

FERRARONS, Albert: *Rosa sobre negro. Breve historia de la homosexualidad en la España del siglo* XX. Madrid-Barcelona, Egales, 2010.

GARCÍA VALDÉS, Alberto: *Historia y presente de la homosexualidad. Análisis crítico de un fenómeno conflictivo.* Madrid, Akal Editor, 1981.

GONZÁLEZ DURO, Enrique: *Los psiquiatras de Franco. Los rojos no estaban locos.* Barcelona, Península, 2008.

GONZÁLEZ DURO, Enrique: *Psiquiatría y sociedad autoritaria: España* 1939-1975. Madrid, AKAL, 1978.

GONZÁLEZ MENÉNDEZ-REIGADA, Albino: *Catecismo Patriótico Español.* Salamanca, Ministerio de Educación Nacional, 1939.

TRUJILLO BARBADILLO, Gracia: *Deseo y resistencia 1977-2007. Treinta años de movilización lesbiana en el Estado español.* Madrid-Barcelona, Egales, 2009.

HERNÁNDEZ HOLGADO, Fernando: *La prisión militante: Las cárceles franquistas de mujeres de Barcelona y Madrid* (1939-1945). Tesis doctoral, UCM, 2011.

HERNÁNDEZ HOLGADO, Fernando: *Soledad Real* (1917). Madrid, Ediciones del Orto, 2001.

JIMÉNEZ DE ASÚA, Luis: *Libertad de amar y derecho a morir: Ensayos de un criminalista sobre eugenesia, eutanasia, endocrinología.* Madrid, Historia Nueva, 1929.

JURADO MARÍN, Lucas: *Identidad: Represión hacia los homosexuales en el franquismo.* La calle, 2014.

LEGIDO, Rosi: *Escondidas en el cine. Censura y personajes sáficos.* Murcia, LES Editorial, 2021

LÓPEZ IBOR, Juan J.: *Rebeldes.* Madrid, Rialp, 1969.

LÓPEZ SÁNCHEZ, Félix: «Las mujeres en el siglo XX: cambios referidos a la sexualidad y a las relaciones interpersonales» (Cap. 33), en CUESTA BUSTILLO, Josefina: *Historia de las Mujeres en España. Siglo* XX. España, Instituto de la Mujer, 2003. vol. 4, pp. 105-142.

MIRA NOUSELLES, Alberto: *De Sodoma a Chueca. Una historia cultural de la homosexualidad en España en el siglo* XX. Madrid-Barcelona, Egales, 2004.

MIRAVET HOMBRADOS, Miguel: «Homosexualidad, peligrosidad y rehabilitación social» en Instituto de Criminología y Departamento de Derecho Penal. *Peligrosidad Social y Medidas de Seguridad (La Ley de peligrosidad y rehabilitación social de 4 de agosto de 1970)*. Valencia, Universidad de Valencia, 1974.

MONFERRER TOMÁS, Jordi: *Identidad y cambio social. Transformaciones promovidas por el movimiento gay/lesbiano en España*. Madrid-Barcelona, Egales, 2010.

MORA, Víctor y HUARD, Geoffroy: 40 *años después: La despenalización de la homosexualidad en España*. Madrid-Barcelona, Egales, 2019.

NIELFA CRISTÓBAL, Gloria (ed.): *Mujeres y hombres en la España franquista: Sociedad, economía, política, cultura*. Madrid, Editorial Complutense, 2003.

OLMEDA, Fernando: *El látigo y la pluma. Homosexuales en la España de Franco*. Madrid, Oberon, 2004.

ORTIZ GÓMEZ, Teresa: «Estudios de mujeres: España», en KRAMARAE, Cheris y SPENDER, Dale (dirs.): *Enciclopedia Internacional de las Mujeres. Edición especial para el ámbito hispanohablante* (Rosa García Rayego y Gloria Nielfa Cristóbal, editoras de la edición española), 5 vols., Madrid, Síntesis, 2006, vol. 2.

OSBORNE, Raquel: «La sexualidad como frontera entre presas políticas y presas comunes bajo y el franquismo», *Política y Sociedad*, n.º 1 y 2, vol. 46, 2009, pp. 57-77.

OSBORNE, Raquel (ed.): *Mujeres bajo sospecha. Memoria y sexualidad* 1930-1980. Madrid, Fundamentos, 2012.

PIRO, C.: *Invertidos y rompepatrias. Socialismo y homosexualidad en el Estado Español*. Vitoria-Gasteiz, 2011.

PORTILLA CONTRERAS, Guillermo: *Derecho penal franquista y represión de la homosexualidad como estado peligroso*. Ministerio de Justicia, 2019.

SABATER TOMÁS, Antonio: *Peligrosidad social y delincuencia.* Barcelona, Nauta, 1972.

SERRANO VICÉNS, Ramón: *La Sexualidad Femenina. Una investigación estadística y psíquica directa.* Madrid, Ediciones Júcar, 1975.

SORIANO GIL, Manuel: *Homosexualidad y represión. Iniciación al estudio de la homofilia.* Madrid, Zero, 1978.

TERRASA MATEU, Jordi: *Control, represión y reeducación de los homosexuales durante el franquismo y el inicio de la transición.* Tesis Doctoral Universitat de Barcelona, Barcelona, 2016.

UGARTE PÉREZ, Francisco Javier: *Una discriminación universal: La homosexualidad bajo el franquismo y la transición.* Madrid-Barcelona, Egales, 2008.

VALLEJO NÁGERA, Antonio: *Lecciones de psiquiatría.* Editorial Científico-Médica, 1958.

VÁZQUEZ GARCÍA, Francisco y CLEMINSON, Richard: *Los invisibles: una historia de la homosexualidad masculina en España:* 1850-1939. Granada, Comares, 2011.

VILLAAMIL, Fernando: *La transformación de la identidad gay en España.* Madrid, Catarata, 2004.

VILLANOVA RIBAS, Mercedes y MORENO JULIÁ, Xavier: *Atlas de la evolución del analfabetismo en España de 1887 a 1981.* Madrid, Ministerio de Educación y Ciencia, 1992.

Artículos y revistas

ADAM DONAT, Antoni y MARTÍNEZ VIDAL, Álvar: «Consideraciones sobre tan repugnante tendencia sexual: La homosexualidad en la psiquiatría del franquismo», *Orientaciones,* n.º 7, 2004, pp. 51-72.

ADAM DONAT, Antoni y MARTÍNEZ VIDAL, Álvar: «Homosexualitat i perillositat social: Bases Mèdiques i Científiques d'una Llei Tardofranquista Actes d'Història de la Ciéncia i de la Técnica», *Nova Época,* Vol. 1, 2008, pp. 279-284.

ARNALTE, Arturo: «Galería de invertidos. Vida cotidiana de los homosexuales en las cárceles de Franco», *Orientaciones*, n.º 7, 2004, pp. 110-112.

GUEREÑA, Jean-Louis: «La sexualidad en la España contemporánea (1800-1950)», *Hispania*, vol. 64, n.º 218, 2004, pp. 825-833.

MONFERRER TOMÁS, Jordi: «La construcción de la protesta en el movimiento gay español: la Ley de Peligrosidad Social (1970) como factor precipitante de la acción colectiva», *Revista Española de Investigaciones Sociológicas*, n.º 102, 2003, pp. 171-204.

PLATERO MÉNDEZ, Lucas: «Ejercicios de memoria histórica: Cuerpos sexuados y franquismo». *Seminario Mujeres, lesbianismo, normalización y estudios Queer*, Centro de Estudios Andaluces, 2010.

RABAZAS ROMERO, Teresa y RAMOS ZAMORA, Sara: «La construcción del género en el franquismo y los discursos educativos de la Sección Femenina», *Encounters on Education*, vol. 7, 2006, pp. 43-70.

RUÍZ MANTILLA, Jesús: «Humillados por diferentes», *El País Semanal*, n.º 1911, 12 de mayo de 2013, pp. 50-58.

UGARTE PÉREZ, Javier: «Entre el pecado y la enfermedad», *Orientaciones*, n.º 7, 2004, pp. 7-26.

Fuentes hemerográficas:

Boletín Oficial del Estado (BOE) n.º 198, Ley de 15 de julio 1954 por la que se modifican los artículos 2.º y 6.º de la Ley de Vagos y Maleantes, de 4 de agosto de 1933, p. 4862.

Boletín Oficial del Estado (BOE) n.º 187, 6/08/1970. Ley de Peligrosidad y Rehabilitación Social, p. 12 551 a 12 557.

Nos encantaría saber qué te ha parecido este libro.
¿Nos lo cuentas?

LESeditorial
les_editorial
LESeditorial

www.leseditorial.com
info@leseditorial.com

www.ingramcontent.com/pod-product-compliance
Lightning Source LLC
LaVergne TN
LVHW050315160826
845677LV00014B/3407

* 9 7 8 8 4 1 7 8 2 9 6 0 5 *